꼰대지수
낮   춰
드립니다

꼰대지수 낮춰드립니다

**회사에서 바로 통하는
세대 갈등 솔루션**

80%
60%
20%

조관일
지음

21세기북스

거꾸로 쓰는 역발상의 세대론

MZ세대는 어떻다는 둥 10년 전부터 불붙은 세대론世代論이 아직 식을 줄을 모른다. 각 세대가 지닌 특유의 성향을 분석하고 그 차이와 갈등을 어떻게 해결해 사회와 조직의 발전에 기여할 것인지 활발한 논의가 벌어지고 있다. 세대 문제가 정치·사회적 이슈가 됐음은 물론이고 경영의 핵심과제로 대두됐다.

세대론은 어제오늘의 담론이 아니다. 4,000년 전의 바빌로니아 점토판 문자부터 고대 피라미드 상형문자, 그리고 소크라테스, 공자, 한비자에 이르기까지 어느 시기에나 세대 갈

등은 있었다. 당시에도 기성세대는 신세대 젊은이들을 가리
켜 "요즘 아이들은 버릇이 없다" "이해할 수가 없다"며 한탄
했다지 않은가.

세대 차이를 한탄했다는 고대의 기록은 사실 여부를 확인
하기 어렵다는 주장도 있다. 소크라테스가 "요즘 아이들은 폭
군과도 같다. 부모에게 대들고, 게걸스럽게 먹고, 스승을 괴
롭힌다"라고 했다는데, 그 또한 1960년대 미국에서 날조되었
다는 말도 있으니까.

기록의 사실 여부는 아무래도 괜찮다. 꼭 맛을 봐야 똥인
지 된장인지 아는 것은 아니다. 기록을 확인하지 않더라도 당
시의 기성세대가 신세대를 가리켜 "버르장머리 없다" "앞날
이 걱정된다" "이해할 수 없다"라고 평가했음은 '안 봐도 비디
오'다. 당연히 신세대를 흘겨봤을 것이다. 동서고금을 막론하
고 세대 차이는 있을 수밖에 없고, 기성세대의 눈에 젊은 세
대가 못마땅했음이 뻔하다. 신세대를 향한 비판과 걱정은 앞
으로도 지속될 것이다. 영원히.

문제는 요즘의 세대론은 예전과 크게 다르다는 사실이
다. 예전에는 기성세대가 젊은이를 향해 버릇이 없다거나 이
해하지 못하겠다는 등 일방적인 푸념과 비판이었다. 옛날이

라고 해서 신세대가 기성세대에게 불만이 없을 리 없지만 그 목소리는 작거나 숨어 있었다. 지금은 다르다. 노골적으로 기성세대를 비판하며 공격한다. 공수攻守가 완전히 바뀌어 기성세대가 수세에 몰리고 있다. 그것을 대표하는 상징어가 '꼰대'다.

한국의 꼰대는 이미 세계시장(?)에도 얼굴을 내밀었다. 경제 전문지 〈이코노미스트〉에서 'kkondae'라는 단어를 소개하면서 '거들먹거리는 나이 든 사람condescending old person'을 뜻하는 한국식 표현임을 밝혔고, 영국 공영방송 BBC에서는 'kkondae'를 '오늘의 단어'로 선정하고 '자신이 항상 옳다고 믿는 나이 많은 사람(다른 사람은 늘 잘못됐다고 여김)'을 의미하는 것이라고 설명했을 정도다(〈동아일보〉 2019. 11. 23, 시대정신이 된 '안티꼰대').

이제 기성세대에 대한 신세대의 공격은 '꼰대'라는 비아냥거림이나 불평불만에 머물지 않고 갈등으로 심화되고 결국 '세대 혐오' '세대 증오'의 구조적 문제로 증폭됐다.

상황이 이렇게 되자 세대 문제의 실상을 소개하고 나름의 해법을 제시한 책이 쏟아져 나오고 있다. 신문과 방송 등에서는 전문가들이 출연해 열변을 토한다. 그리고 무엇보다 기업

(꼭 기업을 의미하는 것은 아니다. 회사는 물론이요, 국가나 지방자치단체를 비롯해 모든 조직을 포함한다)이 이런 문제에 가장 예민하게 반응한다.

정치나 사회 분야에서는 세대 갈등을 하나의 '현상'으로 주목하고 정책을 고민하지만, 기업에서는 당장 경영의 문제, 기업 존립의 문제와 직결되기 때문이다. 상사와 부하(요즘은 '부하'라는 말 자체가 기분 나쁘다고 하는 사람도 있다. 그럼에도 불구하고 의미가 명확히 전달되기에 이 책에서는 계속 사용하겠다), 선배와 후배, 기존의 사원과 신입사원 간의 갈등을 해결해야 경영 목적을 쉽게 달성할 수 있으며 시장과 마케팅 차원에서도 세대 문제를 제대로 파악해야 하기 때문이다. 그래서 요즘 기업마다 '젊은 세대 공부하기'가 한창이다.

*

나 역시 '젊은 세대 공부하기'에 뛰어들었다. 40여 년간 줄기차게 자기 계발서를 써온 사람으로서 이런 과제는 관심의 대상이 되기에 충분하다. 세대 차이에서 비롯되는 정치·사회적 갈등과 과제는 관심의 영역을 벗어나지만, 회사에서 일어나는 세대 차이, 세대 갈등의 문제는 심도 있게 다뤄

볼 필요가 있었다.

인터넷을 검색하고 책과 연구보고서를 읽으며 연구를 거듭하다가 문득 깨달은 것이 있다. 요즘의 세대론이 지나치게 신세대 중심이라는 점이다. 집중적으로 신세대의 실상과 문제점을 다루고 있음을 비판하는 것이 아니다. 세대론의 속성상 신세대를 대상으로 세밀히 분석하는 것은 당연하다. 내가 지적하고자 하는 것은, 요즘의 세대론이 신세대의 입장에 치우쳐 신세대를 편들고 신세대의 주장을 옹호하며 기성세대를 일방적으로 나무라는 경향이 지나치다는 것이다. 의심스럽다면 당장 세대론에 관한 책이나 연구보고서를 찾아 읽어보라. 동의할 것이다.

세대에 관한 연구가 깊어질수록 점점 "이건 아닌데…"라는 회의에 빠져들었다. 너무 한쪽으로 경도된 것 아니냐는 비판적 시각이 깨어났다. 치열한 경쟁을 해야 하는 회사의 형편과 경영의 특성을 고려해 경영자나 기성세대의 입장도 대변할 필요가 있다는 생각에 이르렀다. 그래야 신세대로 '기울어진 운동장'이 균형을 잡을 수 있을 것 같다.

이쯤 되면, 세대의 문제에서 어떤 논리로 '기울어진 운동장'을 바로잡을 것인지 밑그림이 그려진다. 대부분 2030 세대를 옹호하고 그들의 입장에서 논리를 전개한다면, 4050을 비롯한 기성세대의 입장도 추가해 문제 해결을 시도하는 것이 필요하다는 확신이 생겼다. 그래서 논리 전개의 중심추를 신세대에서 기성세대, 아니 중간 지대로 옮겨보기로 했다. 앞으로 전개하려는 논리가 어떤 형태일지, 주장의 흐름이 어떨지는 이 책의 제목에서 낌새를 알아차릴 것이다. 이를테면 역발상 세대론이다.

이 책의 초판본은《회사는 유치원이 아니다》로 출판됐다. 그리고 논리의 전개는 제목에서 알 수 있듯이 신세대로 하여금 기성세대를 너무 꼰대로 몰아치지 말라는 메시지가 많았다. '너 자신을 알라'하는 논리를 전개했다. 그러다 보니 본의 아니게 신세대를 몰아친 감이 없지 않았다. 지나치게 기성세대 중심의 책이 돼버린 것이다.

그래서 책의 체계를 다시 잡았다. 앞부분에서는 신세대에 대한 조언을, 그리고 뒷부분에서는 신세대를 어떻게 이해하고 수용하며 어떻게 하면 존경받는 기성세대가 될 것인지 기성세대에 대한 충고로 체계를 바꿨다. 이제 세대론의 균형추가 제대로 중심을 잡게 된 셈이다.

아무쪼록 나의 역발상 세대론이 신세대든 기성세대든 자

신의 입지와 상황을 되돌아보고 함께 전진하는 데 도움이 되기를 기대한다.

참고로 이 책에는 그동안 집필했던 60여 권의 책에 담겨 있는 세대 관련 글이 인용됐는데, 특별한 경우를 제외하고는 일일이 출처를 밝히지 않았다.

2023년 6월
조관일

목차

제1부

세대 문제를 다시 생각한다
역발상 세대론

제**2**부

꼰대의 일격
회사는 유치원이 아니다

제3부

꼰대 바로 알기
나이는 숫자에 불과한가?

세대 문제를
다시 생각한다

역발상 세대론

세상이 변하고 상황이 달라졌으면 논리도 바뀌어야 한다. 신세대에게 배울 것이 있으면 당연히 배워야 한다. 기성세대가 잘못이라면 비판과 훈계의 화살을 맞아야 한다. 문제는 새로운 논의가 눈덩이처럼 부풀면서 신세대의 강점과 유용함에만 초점을 맞추게 되고 부지불식간에 편향적으로 변했다는 점이다.

_____

요즘의 세대론을 유심히 들여다보면 기성세대의 문제를 파헤치고 신세대의 강점을 부각시킴으로써 기성세대의 각성을 촉구하는 것이 주류라 할 수 있다. 좋은 일이다. 그러나 기성세대가 도매금으로 매도돼 기성세대는 악이고 신세대는 선인 것처럼 몰아가는 부작용이 심각하다는 것도 돌아볼 필요가 있다. 이제 다른 시각, 중립적 시선으로 세대 차이와 세대 갈등을 풀어보자.

1

뒤바뀐 세대론,
훈계의 표적이 된 기성세대

세대에 관한 논의는 역사가 깊다. 고대의 상형문자 시대나, 소크라테스, 공자, 한비자까지 거슬러 올라갈 필요도 없다. 한 세대(예전에는 30년 정도를 한 세대로 봤다) 전인 1990년대 초반에도 세대 문제에 대한 논의가 거셌다. 그때의 분위기는 세대를 다룬 몇몇 신문 기사의 제목을 보면 쉽게 파악된다.

'신세대, 두고만 볼 것인가〈한국일보〉' '비틀거리는 신세대〈경향신문〉' '신세대, 가치관 혼란 심하다〈동아일보〉' 등에서 알 수 있듯이 그때는 주로 신세대를 비판하는 경향이었다.

신세대에 대한 논의가 어떤 수준이었는지를 좀 더 구체적으로 보여주는 것이 'X세대'와 '오렌지족'이라는 용어의 등장과 그에 대한 비판이다.

우리나라에서 'X세대'는 베이비붐 이후에 태어난 세대를 지칭하는 단어로 1990년대 초 신세대 논의의 상징과 같다. X세대는 '오렌지족'이라는 말과 함께 과소비와 향락 문화에 젖은 철없는 젊은이, 개인주의와 자유로움을 추구하지만 무슨 생각을 하며 사는지 모를 의식 없는 청춘을 의미하는 용어로 사용됐다.

그때의 '신세대'란 긍정의 의미가 아니다. 깔보고 무시하는 시각이 역력히 드러난다. 신세대는 생각이 없는 존재요, 유행이나 따라 하고 스타 흉내나 내며, 남을 의식하지 않고, 망나니짓이나 하는 의식 없는 존재로 깔아뭉갰다. 어른을 공경할 줄 모르고 나라 걱정은 하지 않고 자기 이익만 탐하는 버르장머리 없는 '애들'로 몰아붙였다. 언론에서 제시한 대책은 고작 인성교육의 강화, 전통과 예절교육의 확대와 함께 기성세대가 따끔하게 훈계하고 잘 가르쳐야 한다는 것이었다.

신세대는 선이고 기성세대는 악인가?

그러했던 세대론이 오늘날에 이르러 반전됐다. 결정적 계기는 디지털 시대의 도래와 직결된다. 디지털 폭풍이 몰아치면서 기성세대는 신세대를 따라잡기가 버거워졌다. 따라잡는 것은 고사하고 여러 방면에서 신세대에게 몰리기 시작했다. 디지털로 중무장한 새로운 세대라니!

이렇게 되자 신세대를 바라보는 시각이 달라질 수밖에 없다. 예전의 신세대가 훈계의 대상이었다면 오늘의 신세대는 학습의 대상, 새로운 주류로 등장한 것이다. 세대론의 논리도 바뀌었다. 예전에는 피상적이고 도덕적인 것에 초점을 모았다면, 이제는 분석적이고 구체적이며 실용적으로 변했다.

무엇보다도 확실히 바뀐 논점은 신세대를 향한 비판과 훈계가 아니라 그들을 이해하고 수용하고 활용해야 하며 더 나아가 기성세대가 그들에게 배워야 한다는 것이다. 비판과 훈계의 화살이 기성세대를 향하고 있다. 최근 출간된 세대론 관련 책이나 연구보고서를 보면 그런 시각, 그런 주장, 그런 논리로 꽉 차 있다.

좋다. 세상이 변하고 상황이 달라졌으면 논리도 바뀌어야 한다. 신세대에게 배울 것이 있으면 당연히 배워야 한다. 기성세대가 잘못이라면 비판과 훈계의 화살을 맞아야 한다. 문제는 새로운 논의가 눈덩이처럼 부풀면서 신세대의 강점과 유용함에만 초점을 맞추게 되고 부지불식간에 편향적으로 변했다는 점이다.

세대 문제를 다루는 대부분의 논자가 하나같이 기성세대를 나무란다. 세대론 책을 쓰는 사람들 자신이 기성세대임에도 자기가 심판관인 양 기성세대를 비판한다. 마치 신세대는 선善이고 기성세대는 악惡인 것처럼 몰아붙인다. 기성세대의 문화는 퇴폐적이고 과거지향적이며 비생산적인 반면 신세대의 문화야말로 미래지향적이고 생산적이고 역동적이라고 말한다.

신세대는 간단한 것과 재미를 추구하며 정직, 공정, 투명, 그리고 평등을 지향한다고 감탄과 찬사를 쏟아놓는다. 마치 기성세대는 복잡한 것과 재미없는 것을 추구하며 부정직, 불공정, 불투명, 불평등을 좋아하는 것처럼 말이다.

그리하여 기성세대는 권위적이고, 나이로 억누르고, 자기 말만 옳다고 하고, 잔소리나 하며, 대접받으려고만 하는 몹쓸 인간이 돼버렸다. 기성세대는 개념도 의식도 없이 과거에만 머물며 '꼰대짓'이나 해대는 괴물이 됐다. 빨리 사라져야 할 쓸모없는 세대가 된 것이다.

포퓰리즘적 세대론이 낳은 부작용

세대론의 이런 흐름은 일종의 '포퓰리즘populism', 신세대 영합이라는 비판을 받을 수 있다. 요즘 정치권에서 많이 회자되는 '대중 영합(포퓰리즘)'처럼 세대론 역시 신세대의 구미에 맞추며, 신세대가 듣기 좋은 말을 해주는 인기 영합의 느낌을 받는 것이다.

물론 논자들이 일부러 기성세대를 깎아내리거나 악의로 주장하는 건 아니라는 것을 안다. 원래 무엇인가를 깊이 연구하다 보면 자신도 모르는 사이에 한쪽으로 기우는 경향이 있다. 부정적 초점을 기성세대에 맞추어 사례를 들어가며 논리를 전개하다 보니 부지불식간에 기성세대의 아픈 곳만 찌르게 되는 것이다.

"기성세대가 한국 사회의 희망을 앗아갔다."

"청년 세대가 불행한 건, 부모 세대의 권력 독점 때문이다."

"2030 세대에게 미안해하기는커녕 잔소리하며 그들을 억누르기만 한다.”

“상대적 우위라곤 나이뿐인 노인 세대가 나이를 내세워 청년 세대를 억누르는 것으로 우위를 확인한다.”

이런 말을 들으면 젊은 세대는 환호할 것이다. 자기의 가치와 속마음을 제대로 짚어줬다며 박수를 칠 것이다. “맞다” “통쾌하다” “거봐라!” 할 것이다.

그러나 비난의 대상이 된 기성세대는 어떤 심정일까? 표적이 된 기성세대는 기분이 언짢아질 수밖에 없다. ‘내가 정말 2030 세대의 희망을 앗아가고 상대적 우위는 나이밖에 없는 사람인가?’라는 자괴감을 느끼게 된다.

기성세대의 문제를 파헤치고 신세대의 강점을 부각시킴으로써 기성세대의 각성을 촉구하는 것은 좋은 일이다. 그런 면은 긍정하지만, 반면에 기성세대가 도매금으로 매도되는 부작용이 심하다는 것도 주목할 필요가 있다.

무엇보다도 저런 주장이 정치·사회적 이슈와 담론을 제기하는 것임에도 불구하고 불똥은 엉뚱하게도 회사 경영, 조직 관리로 튄다. 힘을 합쳐 치열한 경쟁에서 이겨야 하는 상황에서 조직 구성원 간의 갈등을 증폭시켜 심각한 문제를 야기하는 현실을 바로 봐야 한다.

"요즘은 사원들에게 말을 못 하겠어요. 이유 없이 상사나 선배를 배척하고 툭하면 '그게 바로 꼰대짓이에요'라며 들이받거든요."

이 책을 쓰기 위해 만났던 다수의 간부(그래 봤자 40대의 나이인데 벌써 신세대의 공격을 받는다)가 들려준 푸념이다. 세대론의 쓰나미에 휩쓸리며 수세에 몰려 전전긍긍하는 기성세대의 처지가 안쓰럽다. 내가 이 책을 쓰기로 작심한 이유이기도 하다.

[세대 차이란 이런 것]

●

세대 차이는 서로 다른 세대 사이에 있는 감정이나 가치관의 차이다. '세대'라면 예전에는 30년 정도의 시차를 의미했다. 그러나 점점 더 간격이 줄어서 10년으로 좁혀지더니 요즘은 세상의 급격한 변화로 3년이면 세대 차이가 난다고 말할 정도다. 입사 3년 차만 돼도 신입사원과 가치관의 차이를 느낀다는 것이다. 우스갯소리로 초등학생 사이에도 세대 차이가 난다고 하지 않던가? 그러나 직장에서는 뭉뚱그려서 신세대와 구세대로 나눈다.

세대 차이가 발생하는 주요 원인은 생물학적 연령age, 어떤 시대에 태어났느냐는 출생 동기 집단효과cohort, 그리고 어떤 시기, 어떤 사회적 구조하에서 성장했냐는 시기period 등을 주로 꼽는다(위키백과).

세대 차이란 필연적이다. 같은 사람이 나이만 들어도 성격이 바뀌고 생각하는 것이 달라진다. 또한 경험이 의식을 바꾼다. 성격심리학자들은 이를 성숙의 원리Maturity Principle라고 하며 긍정적으로 본다. 나이가 들수록 사람과 세상에 대한 이해가 높아지고 친화력이 강화되며, 정서적으로는 안정적인 성향으로 변해가는 경향이 있다는 것이다. 젊은이의 눈에는 그 점이 답답하게 보일 수 있고, 반면에 나이 든 세대의 입장에서는 '개구리가 올챙이 적 생각을 못 하고' 신세대를 이상한 시각으로 보게 된다. 젊었을 때 자신도 그랬음을 망각하는 것이다.

2

기성세대가 양보하라고?
뭘 양보하지?

세대 문제를 다루는 사람들은 어김없이 X세대, Y세대, Z세대, MZ세대, 베이비붐세대, 신인류, 밀레니얼세대, 그리고 10년 단위로 이름 붙인 80년대생, 90년대생, 2000년대생 등등으로 각각의 세대를 구분하길 좋아한다. 이해한다. 연구를 위해 어쩔 수 없는 방식이기도 하니까.

여기서 잠시 시선을 바꿔보자. 세대 문제를 관념적으로 보지 말고 현실로 와 회사를 보자. 여럿이서 머리를 짜내며 열심히 일하고 있는 상사, 선배, 동료, 후배를 살펴보자. 그들을 보면서 X, Y 등등 세대를 구분할 수 있는가? 누가 어느 세대에 속하는지 알 수 있는가? 아니, 구태여 그것을 구분해서 어쩔 건가. 직장인들이 회사를 출입할 때 목에 거는 사원증이나 ID카드에 X세대, Y세대, Z세대, MZ세대, 이런 식으로 표시할 것도 아니잖은가. 그런데 왜 그렇게 칸막이하듯 나누기를 좋아하는지 모르겠다.

"자꾸 세대별로 이름을 붙이는 것은 결국 한두 살 차이(예컨대 29세와 30세)일 뿐인데도 칸을 막아 단절시키고 편 가르기를 하며 갈등을 부추길 뿐"이라던 40대 팀장의 말이 기억에 새롭다.

세대별로 구분해 연구·분석하고 그것을 잘 융합해서 사회를, 국가를, 그리고 조직을 발전시키려는 좋은 의도를 모르지 않는다. 그런데 너무(?) 연구하다 보니 그것에 매몰돼 자칫 세대 갈등을 해결하는 게 아니라 부추기고 있는 것은 아닌지 돌아봐야 한다.

부추김에 휩쓸리지 말자

"쥐를 연구하는 사람은 지구가 쥐 때문에 멸망한다는 결론을 내놓는다"라는 말이 있다. 누구든 한 분야를 깊이 파고 들면 그 자체에 매몰돼 자신이 연구하는 분야가 세상에서 가장 중요하고 필요한 것으로 착각한다는 의미다. 그러다 보면 방향감각까지 흐릿해질 수가 있다.

여러 사람의 세대론을 접하면서 문득 떠오른 생각이 바로 그것이다. 신세대의 입장을 옹호하다 보니 기성세대에게 요구하는 게 많아진다. 그래서 기성세대를 향해 "기득권을 내려 놓아라" "새로운 세대에게 양보해야 한다" "기성세대는 자식 세대의 몫을 끌어다 쓰고 있다는 것을 인식해야 한다"라고 말한다. 때로는 "기성세대가 탐욕을 버려야 한다"라며 도덕책 같은 처방을 내놓기도 한다.

언뜻 옳은 소리요, 맞는 말이요, 그럴듯하지만 실상을 모르는 소리다. 그건 처방도 해결 방안도 아니다. 현실을 벗어난 탁상공론이다. '고양이 목에 방울 달기' 수준보다 나을 게 없다. 당장 기성세대는 반발할 것이다. "도대체 무엇을 어떻게 양보해야 하냐?"라고. "내가 그토록 탐욕스러운 인간이냐?"라고.

이 책을 쓰는 동안 만난 386세대 후배가 "청년 세대가 불행한 건 그 부모인 386세대가 자신들의 네트워크를 바탕으로 양질의 일자리와 높은 임금, 권력을 독점하기 때문이다"라는 기사(〈동아일보〉 2019. 8. 18, 서강대 이철승 교수의 인터뷰)를 보여주며 핏대를 세워 열변을 토했다.

"내가 무슨 네트워크로 양질의 일자리와 높은 임금, 권력을 독점하고 있나?"

세대 문제를 다룬 어떤 글은 기성세대와 신세대의 갈등을 한정된 일자리를 놓고 벌어지는 처절한 다툼으로 묘사한다. 일자리를 뺏기지 않으려는 기성세대와 그것을 빼앗으려는 신세대의 투쟁으로 기록한다. 이쯤 되면 연구에 지나치게 몰입한 나머지 너무 나갔다. 세대 갈등을 부추기는 것과 다르지 않다.

생각해보라. 기성세대가 신세대에게 일자리를 빼앗기지 않으려 한다고? 정말 그런가? 당신이 기성세대 직장인이라면 그런 생각을 단 한 번이라도 해본 적이 있는가? 신세대가 회사에 들어오지 못하도록 일자리를 부둥켜안고 장벽을 치며 훼방을 놓고 있는가?

호구지책, 먹고 살려고, 가족을 부양하려고, 이대로는 퇴직 후의 2막 인생이 막막하기에 일자리를 놓지 못하는 것뿐이다. 60세 전후에 정년으로 퇴직한 후 100세 시대의 노후가 보장되지 않기에 나이를 채우고도 일터를 떠나지 못하는 것

뿐이다. 개인으로서는 삶의 문제이지 세대 문제에는 관심이 없다.

생계가 보장되고 노후가 보장된다면 어느 누가 일을 더 하고 싶을까? 일자리 제공 전문기업 '벼룩시장구인구직'에서 직장인을 대상으로 한 설문조사를 보면 경제적 여유만 있다면 나이와 관계없이 지금 당장 은퇴할 생각이 있다는 사람이 10명 중 7명이 넘었다(73.3%, 〈매일경제〉 2019. 11. 16). 쉬고 싶고 놀고 싶고 2막 인생을 즐기고 싶지만 그럴 형편이 안 되기에 일터를 떠나지 못할 뿐이다. 그렇지 않은가?

신세대 역시 생각을 가다듬을 필요가 있다. 저런 주장과 논리에 휩쓸려 감각과 방향을 잃어서는 안 된다. 그들도 기성세대의 일자리를 빼앗으려고 하는 건 아니다. 그들 역시 독립적인 생활, 꿈을 실현할 일자리가 필요할 뿐이다. 그걸 해결하지 못하는 정치가 문제요, 정책이 문제다. 이런 현상을 마치 자리 하나를 두고 세대 간에 이전투구를 벌이는 식으로 몰아가는 데 휩쓸려서는 안 된다.

기왕의 세대론이 의도적으로 세대 간의 갈등을 부추기고 싸움을 붙이는 것은 아님을 안다. 그러나 의도하지 않아도 결과가 그렇다. 그러니 젊은이들이 자기의 생업에 충실한 기성세대를 보고 배가 부름에도 먹이를 놓지 않는 탐욕스러운 포식자를 보듯 눈 흘기게 되는 것이다. 괜히 보기 싫고 기분 나쁜 대상이 된다. 빨리 사라져야 할 세대로 보게 된다.

그런 의미에서 《요즘 애들, 요즘 어른들》을 쓴 김용섭 작가의 말이 마음에 와닿는다.

"엄밀히 말하면 세대 갈등은 존재하지 않는다. 세대 갈등이라는 프레임을 만들어내는 사람만 존재한다. 세대 갈등을 부추기는 사람들은 일자리 문제와 연금 문제를 많이 이야기한다. 하지만 이건 갈등이 아니다. 제도의 문제이고 국가가 풀어야 할 문제다. 이걸 세대가 풀어야 할 방식으로 돌리는 것은 비겁한 방식이다. 엄밀히 따지면 세대 차이는 존재하지만, 세대 갈등은 존재하지 않는다(〈투데이신문〉 2019. 6. 12, 요즘 어른은 시대에 맞춰 진화한 어른)."

세대 문제와 관련해 실상을 바르게 보자. 괜한 부추김에 부화뇌동해서는 안 된다. 세대 각자가 자신의 길을 충실하게 걸으면 될 것이다.

3

기성세대를 혐오한다고?
착각하지 마라

그 기자를 만난 것은 인터뷰를 위해서였다. 그는 20대 후반이나 30대 초반쯤으로 보이는 잘생긴 청년이었다. 유능해 보이고 성실해 보였다. 인터뷰의 목적은 나이 든 사람으로서 2막 인생에 유튜브 방송을 하게 된 것에 대한 취재였다. 인터뷰가 끝날 무렵 느닷없이 그가 말했다.

"선생님과 이야기를 나누면서 세대 차를 못 느꼈습니다."

무엇에서 그렇게 느꼈는지는 모르지만 요즘 세태에서 이건 칭찬이다. 내가 일흔의 나이를 넘겼다는 걸 대입해보면 더욱 그렇다. 그러나 이 말을 뒤집으면 어쨌든 '꼰대'인 줄 알고 만났는데 예상이 빗나갔다는 의미일 게다. 일단 기분은 좋았지만 한편으로는 요즘 신세대 젊은이가 나이 든 사람을 어떻게 판단하는지가 보여 씁쓸했다. 칭찬은 고래를, 아니 노인도 춤추게 한다. 내가 기분 좋은 얼굴로 활짝 웃자 그가 말을 이었다.

"저희 세대는 기성세대를 혐오합니다."

기성세대를 혐오한다고? 신문이나 책을 통해 요즘 세태가 그런 줄은 알고 있지만 면전에서 듣기는 처음이다. '혐오'라는 말을 대놓고 하기에는 혐오스러운 단어 아니던가.

신세대가 기성세대를 혐오하는 까닭

신세대가 나이 든 사람을 싫어한 것은 어제오늘의 이야기가 아니다. 경로사상이 뿌리 깊던 시절에도 내심 기성세대가 못마땅했을 것이다. 뒷전에서 눈을 흘겼을 것이다. 그러나 혐오까지는 아니었다. '노털'이나 '꼰대' 정도로 비하하는 게 고작이었다.

요즘은 어떤가? 나이 든 사람, 즉 노인을 벌레 취급한다.

'벌레' '충蟲'자를 써서 노인충老人蟲(노인 벌레)이라 하며, 틀딱충(틀니를 딱딱거리는 벌레), 연금충(나라에서 주는 연금으로 생활하는 벌레)이라 한다. 여성이라고 봐주는 것 없다. 할매미(시끄럽게 떠드는 여성 노인은 매미 같은 벌레)다. 이렇듯 경로敬老는 고사하고 혐로嫌老(노인 혐오)가 됐다. 왜 나이 든 사람을 혐오할까? 여러 이유가 있겠지만 3가지만 꼽아보자(혐오의 이유가 옳다는 것은 아니다. 신세대의 생각이 그렇다는 것이다).

첫째는 일자리가 부족하다. 이는 세계에서 가장 빠르다는 우리 사회의 고령화와 빈곤과 관련이 있다. 사회가 고령화됐더라도 잘 살면 큰 문제가 아니다. 일자리가 넘쳐나 보라. 일하는 노인이 밉게 보일 리가 없다. 자고로 "쌀독에서 인심 난다"라고 하지 않았나.

퇴직 이후에도 은퇴하지 못하고 돈벌이에 나서야 하는 게 나이 든 사람의 현실이다. 덧붙여 일자리는 별로 없고. 그럼으로써 젊은이들은 자기의 일자리를 기성세대에게 빼앗겼다고 믿는다. 그 불만이 혐오로 발전한다.

둘째는 노인에 대한 복지 확대와 관계있다. "삐리릿." 노인이 지하철의 개찰구를 통과할 때 '지공카드(지하철 공짜 카드)'

가 체크되는 소리다. 지하철 노선에 따라 차이가 있지만 젊은 사람의 카드와 지공카드는 신호음이 다르다. 그나마 개선된 신호음이다. 예전에는 지공카드를 체크할 때마다 "경로 카드입니다"라는 말이 크게 나왔다. 마치 "당신은 늙은이야!"라고 빈정거리듯 들렸다.

경로 카드임을 알리는 소리가 들릴 때마다 젊은 세대들은 기분이 언짢을지 모른다. 적은 월급에 힘겨워하는 자기가 지하철 요금을 대신 내주는 소리로 들릴 수도 있다. 그러니 노인에 대한 복지가 확대될수록 자기의 삶이 팍팍해진다는 부정적 인식이 발동하는 것이다. 심하면 '노인이 없어야 우리가 산다'라고 생각할지도 모른다(실제로 미국 예일대의 일본계 교수인 나리타 유스케라는 인물이 일본의 고령화 문제 해법으로 "노인들이 집단 자살 또는 집단 할복해야 한다"라는 망발을 늘어놓았다(〈문화일보〉 2023. 2. 13).

셋째는 '혐오'와 직접적인 관련이 있다. 앞의 2가지 이유는 사실 '혐오'와 관련이 깊지 않다. 싫거나 못마땅하거나 불평할 정도다. 문제는, 그렇지 않아도 마뜩잖은 노인인데 그에 더해 미운 짓을 하기 때문이다. 노인의 말과 행동이 정떨어진다는 데 있다. 때로는 정말로 혐오스러운 언행을 하기 때문이다. 세상은 눈부시게 변하는데 그에 적응하지 못하는 것은 그렇다 치고 말과 행동을 마구 하기 때문이다. 기성세대의 몰지각한 행태로 "토가 나올 지경"이라고 그 기자는 말했다. 그래서 결국 혐오에 이르고 말았다.

기성세대에 대한 볼멘 감정과 착각

혐오嫌惡란 '싫어하고 미워함'이다. 혐오는 사전적 의미 이상의 함의가 있는 단어다. 싫어하고 미워하는 것을 넘어 더럽고 징그럽고 짜증 나고 욕이 나오는 대상이라는 뜻이 내포돼 있다. 이것이 오늘날 젊은 세대가 노인에게 갖는 감정의 현주소다. 어쩌다 이 지경까지 됐는지 모르겠다. 이유가 타당한지 아닌지는 별개의 문제다.

여기서 분명히 할 것이 있다. 노인을 혐오하는 것과 기성세대를 혐오하는 것은 다르다. 앞에서 인터뷰한 기자도 그 점을 착각하고 있었다. 그는 "기성세대를 혐오한다"라고 말했다. 노인과 기성세대를 헷갈린 것이다. 노인이 기성세대인 것은 맞지만 기성세대가 모두 노인은 아니잖은가.

그것을 헷갈리니까 일부 노인에게 갖는 혐오적 인식을 '기성세대'로 확대해 일반화하는 오류를 범한다. 그러다 보니 나이가 별로 많지도 않은 '선배급' 기성세대도 애꿎게 덤터기를 쓰고 도매금으로 넘어간다.

이뿐만 아니라, 이런 사회적 분위기와 감정이 자연스럽게 회사로 스며든다. 앞자리에 앉아 있는 상사나 선배가 자신의 승진을 가로막고 복지를 빼앗는다고 착각한다. 왠지 기분 나쁘고 싫고 밉다. 그러니 같은 회사에서 함께 일은 하지만 섞이길 꺼린다. 이런 볼멘 감정이 조직 내의 소통을 가로막고 결국 발전을 저해한다. 회사의 발전은 물론이고 당사자의 성장마저도.

아무쪼록 '세대 차이' '세대 갈등' '노인 혐오' 따위의 분위기에 휩쓸리지 말기를 바란다. "남이 장에 간다니 거름 지고 나선다"라는 속담처럼, 여기저기에서 세대 갈등 운운하니까 덩달아 갈등을 키우며 주관 없이 잘못된 세대론에 휘말려서는 안 된다.

중심을 잡고 나름대로 세대관을 분명히 할 필요가 있다. 특히 정치·사회적 담론으로써의 세대 문제와 회사 내의 그것은 전혀 다르다는 것을 깨달았으면 좋겠다.

4

회사 내의 세대 문제를
어떻게 볼 것인가

지금 우리 사회의 노인 혐오적 분위기가 기성세대에 대한 혐오로 변질되고 회사로 스며들어 확대되면서 요즘 직장의 분위기가 좋지 않다. 신세대는 직장 내의 기성세대를 까닭 없이 비하한다. 겉으로는 호의적이며 충성하는 것 같아도 말이다.

상사가 업무와 관련해 조금만 말을 길게 하거나 따끔하게 지적하면 겉으로는 표현하지 않아도 속으로는 '꼰대!'라고 비아냥거린다. 당연한 지시도 괜한 참견이나 쓸데없는 잔소리로 받아들인다. 그러니 상사와의 관계가 원만할 수 없다. 젊은 사원의 생각은 알게 모르게 언행으로 나타나고 말투와 표정으로도 상사나 선배에게 전달되니까.

생각해보라. 사회와 달리 회사의 세대 차이란 별 게 아니다. 사회에서는 10대부터 90대까지 세대가 넓게 분포되지만 회사는 그렇지 않다. 고작 20대부터 50대 정도다. 가장 나이가 어린 신입사원과 가장 나이가 많은 경영층의 간격이 불과 30년 내외다. 과장이나 팀장과의 나이 차이는 10년이 안 되는 경우가 많다. 거기에는 노인충, 틀딱충, 연금충도 없으며 할매미도 없다. 상사이자 선배가 기성세대라는 이름으로 존재하고 있을 뿐이다.

이뿐만 아니라 세대와 세대 사이가 무 자르듯 구분이 명확한 것이 아니다. 예컨대 10년 또는 20년 간격으로 정확하게 신세대가 기성세대로 변하고, 다시 신세대가 나타나는 게 아니다. 기성세대와 신세대가 외딴섬에 따로 떨어져 살다가 어느 날 갑자기 대한민국에 나타난 것도 아니다. 같은 세상에서 동시대를 함께 살아온 사람들이다. 같은 나라, 같은 사회에서 같은 뉴스를 보며 같은 생활방식으로 어울려 웃고 떠들며 살아온 사람들이다. 기성세대는 계속 옛날에 머물고 신세대만 새로운 시대를 사는 게 아니다.

더구나 지금은 온 세상이 동시 생활권이요, 동시 소통되는 시대다. 문명국이라면 전 세계의 모든 세대가 같은 경험을 한다. 즉, 기성세대도 신세대와 사회·문화적 경험을 공유한다. 그런데 태어난 시기와 자라난 환경이 다르고 교육받은 내용이 다르다고 마치 금성에서 온 세대와 화성에서 온 세대가 직장에서 만난 것처럼 착각한다.

실상이 이러함에도 신세대가 40~50대의 기성세대를 향해 눈을 흘기는 것은 합리적인 판단 없이 정치·사회적 분위기에 휩쓸리고 세대 차이를 주장하는 이들의 부추김에 영향받은 탓이 크다. 물론 상사나 선배 중에 정말로 멋대가리 없는 행태, 꼰대짓과 갑질을 하는 사람도 있지만 훨씬 더 많은 기성세대는 신세대와 오십보백보다.

'세대 갈등'이 아니라 '입장 갈등'

이런 주장에 대해 젊은 사원들이 항변할 것 같다. 3년 차이만 돼도 세대 차이가 난다는 요즘에 10년이나 30년이 얼마나 큰 차이인지 아냐고. 실제로 직장 생활을 해보면 젊은 꼰대도 적지 않다고.

그러나 혼동하지 마시라. 헷갈리지 마시라. 직장 내의 세대 갈등은 세대 간의 차이에서 오는 갈등보다는 입장 차이에서 오는 갈등이 더 크다. 세대 갈등이라기보다 입장 갈등이라고 보는 게 타당하다. 각자의 입장이 상사와 부하이기 때문에 발생하는 갈등이다.

'입장'은 그 의미가 비교적 넓다. 영어로 아이덴티피케이션identification이라고 하는데 '신원'의 의미를 갖는 말이다. 또는 포지션position이라고도 하는데 이때는 '처지'라는 의미다.

한마디로 입장의 차이란 역할의 차이role differences다. 조직 내에서 차지하는 위치, 지위, 신분 등이 다르기 때문에 나타나는 차이다. 이 역할의 차이는 인식의 차이perception differences를 발생시킨다. 즉, 같은 상황에서 다른 생각이 나타난다. 그럼으로써 갈등을 초래한다.

나이에 따른 세대 구분과 관계없이, 심지어 같은 세대라 하더라도 입장이 다르면 관점이 달라지고 생각이 달라지며 논리가 달라진다. 자연히 소통에 장애를 일으키고 '불통'의 문제를 야기해 갈등이 생긴다. 소통의 장애로 갈등이 생겼을 때 자연스럽게 나오는 말이 있다.

"입장을 바꿔서 생각해봐."

무의식적으로 이런 말을 내뱉는 이유는 입장을 바꿔서 생각하면 문제가 풀린다는 것을 본능적으로 알고 있기 때문이다. 내가 만난 30대 초반의 벤처기업 사장은 이렇게 말했다.

"요즘 신입사원을 보면 답답합니다."

나는 웃었다. 나이로 따지면 그는 분명히 신세대인데 그의 눈에는 거의 동년배인 신입사원의 행태가 못마땅한 것이다. 왜 그런가. 바로 입장이 다르기 때문이다. 직장에서 선배나 상사를 비난하는 신세대 사원도 당장 지위가 달라지면 그 사장과 똑같은 논리로 바뀔 것이다. "요즘 신입사원은 왜 그래? 우리 때는 안 그랬는데"라며 후배의 근무 태도를 답답해하고 나무랄 것이다.

결론적으로 직장의 세대 차이, 세대 갈등이란 일반적인 세대론과 다르다. 세대 차이가 작동하지 않는다는 말이 아니다. 그보다는 입장 차이, 입장 갈등이 세대 문제보다 앞선다는 말이다. 그러기에 직장에서의 세대 문제는 세대 갈등으로 접근하기보다 '입장 갈등'으로 중심을 옮기는 게 옳다. 지위와 처지가 다름으로써 발생하는 갈등이 무엇인지를 헤아리고 서로 이해해야 한다.

물론 입장 외에도 상사나 선배의 인간적인 결함, 즉 꼰대 짓과 갑질로부터 비롯된 갈등도 해결하면서 말이다.

5

'꼰대 프레임'에 갇힌
기성세대

세대 문제를 다룬 대부분의 주장은 논리 전개와 내용에
몇 가지 공통점이 있다.

첫째는 X세대, Z세대, MZ세대, 밀레니얼 등등등 소위 신
세대는 시대적 상황에서 어떻게 형성되고 이름 붙여졌는지,
그리고 어떤 흐름으로 오늘에 이르렀는지를 역사적으로 살
펴본다.

둘째는 그렇게 이름 붙여진 각 세대의 성향과 특징이 어
떠한지, 세대 간의 차이와 그 차이를 불러온 원인이 무엇인지

를 다룬다.

셋째는 세대별 성향과 특징으로 인해 발생하는 정치·사회적 또는 조직 내의 문제점을 열거한다(이 과정에서 숱한 통계와 설문조사 등이 동원된다).

넷째는 해결 방안을 제시하는데(이제부터가 중요하다), 대부분 신세대의 입장과 시각을 옹호하며 기성세대에 대한 비판으로 이어진다. 이때 등장하는 대표적인 용어가 '꼰대'다(이 책에서 '꼰대'란 꼰대질을 하는 '진짜 꼰대'와 기성세대를 두루 지칭하는 '꼰대'의 2가지 의미를 혼용한다. 어느 쪽 의미로 사용한 것인지는 그때그때 문맥을 통해서 판단하면 된다). 그러고는 기성세대가 젊은 세대를 제대로 파악하고, 이해해야 하며, 그들을 배워야 한다고 강조한다.

다섯째로 주장의 마지막은 결국 기성세대가 어떻게 변하고 어떤 생각과 언행을 해야 하는지로 이어진다. 그러고는 지나치게 기성세대를 몰아붙였다고 생각했는지 "기성세대의 입장도 이해해야 한다"라며 함께 잘해보자는 상생과 윈윈Win-Win으로 마무리된다.

프레임으로 진화된 '꼰대'

세대 문제를 다루다 보면 논리 전개의 구성이 그렇게 될 수밖에 없음을 이해한다. 이러한 세대론의 논리와 주장에서 주목하는 것은 네 번째다. 주장의 핵심은 신세대의 입장과 시각에서 기성세대가 신세대를 이해하고 양보해 그들을 수용해야 한다는 것이다. 그러지 못하면 '꼰대'가 될 것이라면서.

꼰대! 이거 참 편리한 단어다. 이 한마디면 기성세대의 어떤 행태도 단숨에 박살 난다. 옳은 말도 괜한 참견과 잔소리로 둔갑한다. 요즘의 기성세대는 '꼰대 프레임'에 갇히고 말았다.

사전을 검색해보면 꼰대란 '선생, 아버지, 늙은이를 이르는 은어, 속어'에서 출발했다. 은어나 속어가 그렇듯이 정확한 유래를 밝혀내기는 어렵다. 여러 기록에 따르면 1960년대부터 사용되기 시작한 것으로 알려져 있다.

왜 '꼰대'라고 했는지도 여러 가지 설이 있다. 옛 노인의 상징인 곰방대가 축약돼 꼰대가 됐다는 곰방대설이 있고, 일제강점기에 일본을 도운 조선인에게 수여했던 작위 중 하나인 백작을 뜻하는 'conte'에서 유래했다는 설이 있고, '거들먹거리다' '잘난 체하다'라는 뜻의 어원을 가진 영어 'condescend(이 단어는 참 묘하다. '겸손하다' '자기를 낮춘다'는 의미도 있다)'에서 파생됐다는 설이 있지만 그렇게 유식한(?) 출발은 아닌 것 같다.

오히려 나이 든 사람의 상징인 '주름'에 빗대어 번데기(번데기는 주름의 상징이다. "번데기 앞에서 주름 잡지 마라"는 말도 있지 않은가)의 방언인 꼰데기에서 유래됐다는 꼰데기설이 가장 그럴듯하다.

사정이야 어쨌든 '꼰대'의 사용이 갑자기 빈번해지고 확산하면서 일상화된 것은 2010년대 들어와서다. 이 시기는 새로운 세대론, 즉 비난의 화살이 신세대에서 기성세대로 전환되는 시기와 맞아떨어진다.

이전에는 은어요, 속어로써 케케묵은 사고방식으로 거들먹거리는 어른을 뒷전에서 비아냥거리거나 흉보는 정도였다. 그런데 요즘은 상용어, 유행어가 됐고 뒷전이 아니라 면전에서 말할 정도다. 범위 또한 매우 넓어져서 연령과 남녀를 가리지 않는다. 나이가 적으면 '젊은 꼰대'가 되고 여성이라면 '여자 꼰대'가 된다. 급기야 은어나 속어의 영역을 벗어나 사람을 규정하고 옥죄는 프레임으로 진화했다.

'꼰대'와 '갑질' 프레임의 위력

프레임frame은 정치판에서 쉽게 듣는 용어다. 막말 프레임, 빨갱이 프레임 등이 그것이다. 정당한 지적이라도 귀에 거슬리는 표현을 쓰면 '막말'이라고 규정해버린다. 우리나라의 경우, 야당은 강하게 버티기 마련이고 그러다 보면 표현이 거칠어질 수밖에 없다. 이것을 상대 당에서 '막말'이라고 규정해놓으면 그 프레임을 빠져나오기가 힘들어진다. 좌파적 인물을 '빨갱이'라는 프레임에 몰아넣는 것도 마찬가지다.

평범한 단어인 '프레임'을 비범하게 활용한 사람은 세계적인 언어학자이자 인지언어학의 창시자인 조지 레이코프 George Lakoff 교수다. 그는 《코끼리는 생각하지 마Don't think of an elephant》(유나영 옮김, 와이즈베리, 2018)에서 보수와 진보의 문제를 프레임으로 다루며 "프레임이란 우리가 세상을 바라보는 방식을 형성하는 정신적 구조물"이라 했다. 그러나 프레임은 세상을 바라보는 방식이자 동시에 대상을 가두는 틀이기도 하다. 후자의 경우에 프레임은 언어(용어)를 통해 활성화된다. 즉, 언어(용어)가 프레임을 형성하는 것이다.

최근 들어 우리 사회, 특히 직장에서 막강한 위력을 발휘하는 대표적인 프레임이 '꼰대'와 '갑질'이다. 이 프레임에 걸려들면 정말 곤혹스럽다. 경우에 따라서는 억울해서 미칠 지경이 된다.

예컨대 상사나 선배가 마음에 들지 않을 때 "꼰대!"라고 해버리면 변명할 겨를도 없이 그냥 꼰대가 된다. 상사나 선배가 선의로 해주는 훈계와 조언도 "꼰대질!"이라고 일갈하면 쓸데없는 잔소리로 둔갑하고 만다.

'갑질'도 마찬가지다. 동창회나 친목회가 아닌 회사에서 상하의 위계와 명령체계가 잡혀야 하는 것은 당연하다. 일을 하다 보면 못마땅한 상황일 때 상사가 부하에게 큰소리를 칠 수 있다. 호되게 나무랄 수도 있다. 큰소리나 호된 꾸중이 듣는 이에게는 인격적 모독으로 들릴 수도 있을 것이다. 그것을 '갑질'이라고 들이받는다면 세상에 걸려들지 않을 사람이 몇이나 될까? 인간의 심리는 약자를 편들게 돼 있으니 아무리 상황 설명을 하고 억울함을 호소해도 "오죽하면 '을'이 그러겠냐?"라며 '갑'을 째려볼 게 뻔하다. 정말 미치고 팔짝 뛸 노릇이다. 물론 진짜 갑질도 없지 않지만.

꼰대와 갑질의 프레임이 융합(?)하면서 기성세대, 직장의 상사나 선배는 '나쁜 사람'의 틀에 갇히는 신세가 됐다. 무차별 공격의 대상으로 변해버렸다. 프레임, 이거 정말 사람 죽인다.

　프레임은 옳을 수도 있고, 그를 수도 있고, 명제가 성립할 수도 있고, 못할 수도 있지만 그런 것을 따질 틈도 없이 순식간에 사람을 규정해버린다. 옭아맨다. 마치 낙인을 찍는 것과 같다.

　요즘의 기성세대는 그렇게 낙인찍혔다. 이 책을 쓰기 위해 자료 수집을 하려고 만난 직장의 기성세대들은 한결같이 하소연을 했다.

　"답답합니다. 상사로서 업무를 강조하다 보면 자연스럽게 말이 길어질 수도 있고, 되풀이해서 말할 수 있으며, 목청을 돋울 수도 있는 건데 그걸 꼰대질이라고 하니 말입니다. 요즘은 상사 노릇이 정말 힘듭니다."

　물론 꼰대 프레임에 긍정적 효과가 전혀 없는 것은 아니다. 요즘은 기성세대가 신세대에게 어떤 말을 하기 전에 "이렇게 말하면 꼰대라고 하겠지만…" 하며 스스로 꼰대 프레임으로 들어간다. 그것은 꼰대가 되지 않으려 애쓰고 조심하는 긍정의 모습이기도 하니까 말이다.

　꼰대 프레임에 갇혀 전전긍긍하는 기성세대들이 그 틀을 벗어나려 몸부림치는 상황이 안쓰럽다. 내가 이 책을 쓰게 된

또 하나의 이유다. 꼰대 프레임을 해체해 기성세대에게 숨통을 터주고 싶었다(어떻게 숨통을 터줄 것인지는 계속 읽으면 알게 된다). 비단 기성세대만 해당되는 것은 아니다. 꼰대 프레임에 함께 갇혀 있는 신세대에 대한 배려이기도 하다.

6

닥치고 꼰대?
이쯤 가면 막 하자는 것

"세대 문제, 이거 참 보통 문제가 아닙니다. 경영자 입장에서 사원들에게 세밀한 지시를 안 할 수도 없고, 때로는 질책을 할 수도 있는데 그때마다 사원들의 반응은 갑질과 꼰대질로 본다는 겁니다. 이러니 어떻게 말해야 할지도 모르겠어요."

사원 30여 명의 작은 기업을 꾸려가고 있는 30대의 젊은 CEO가 들려준 푸념이다. 그가 덧붙인 말이 웃음을 자아낸다.

"제가 기성세대, 꼰대 취급을 받으니 어이가 없네요!"

요즘은 나이 든 사람뿐만 아니라 젊은이라도 상사의 지위에 있으면 무조건 꼰대로 몰아붙이는 분위기다. 그야말로 '닥치고 꼰대'다. 이렇게 되면 대화는 실종된다. 소통이라는 거창한 논리를 들이밀 것도 없다. '닥치고 불통'이 되는 것이다.

그의 푸념을 들으면서 느닷없이 한 사람이 떠올랐다. 노무현 전 대통령이다. 그와 얽힌 일화가 생각났기 때문이다. 2003년, 그는 대통령에 취임하자마자 검찰 개혁을 위해 '평검사와의 대화' 자리를 마련했다. 그 장면은 생방송으로 전국에 중계됐다. 대통령과 평검사의 대화. 이것 자체가 파격이자 개혁의 분위기를 물씬 풍긴다. 회사로 말하면 CEO와 신입사원의 대화, 즉 '야자 타임'쯤 되겠다. 그 자리의 분위기를 상상하며 이야기를 들어보자.

대통령은 진솔한 대화, 참신한 건의가 있을 것이라 기대하고 그런 자리를 만들었을 것이다. 젊은 검사들의 박수를 받을 것으로 예상했을지도 모른다. 그런데 기대와 예상은 완전히 빗나갔다. 젊은 검사들이 대통령의 아픈 곳을 건드리며 대든(?) 것이다. 신입사원이 CEO와의 대화 시간에 경영자를 갑질과 꼰대질로 몰아친 형국이다. 대통령은 겉으로는 웃었지만 속이 불편했을 것이다. 노련한 노 대통령도 마음이 흔들린 것 같다.

"이쯤 가면 막 하자는 거지요?"

이 말은 유행어가 됐는데, 앞에 소개한 젊은 CEO와 대화에서 그 어록이 떠올랐다. 요즘 기업 내의 분위기가 그와 비슷하게 때문이다. 젊은 CEO, 아니 직장 상사나 선배의 정당한 지휘조차 꼰대질로 몰아붙인다면 이거야말로 막 하자는 것과 다르지 않다.

같이의 가치 – 그럴수록 함께해야

이왕 노무현 대통령의 사례가 동원됐으니 마무리 역시 그의 어록으로 해야겠다.

'같이의 가치.'

이 의미심장한 말을 들어본 적이 있을 것이다. 우리가 이 말을 접한 것은 2009년 하반기 농업협동조합에서 광고 카피로 사용하면서다. 이 멋진 말을 누가 만들었을까? 아마도 어느 유능한 카피라이터겠지만 그 말을 먼저, 그리고 자주 썼던 사람이 있다. 바로 노무현 전 대통령이다.

노 대통령의 연설문 작성 책임자였던 윤태영 씨의 책《대통령의 말하기》(위즈덤하우스, 2016)에는 노 대통령이 임기 중

반을 넘어설 무렵 '같이의 가치'라는 말을 참모들에게 자주
한 것으로 나온다. 2005년 7월, 야당을 향해 대연정을 제안한
것은 같이의 가치를 실현하고자 했던 그의 신념과 맞닿아 있
다는 것이다(노 대통령의 말과 농협의 광고 카피 사이에는 별 상
관관계가 없는 것 같다고 윤태영 씨는 밝혔다).

'같이의 가치.'

이것은 농업협동조합의 광고로는 제격이다. 왜냐면 '협동
조합'의 이념을 짧은 한마디로 가장 잘 표현하기 때문이다.
그래서인지 농협의 광고는 이 광고의 전과 후로 나뉜다는 말
이 있을 정도로 높은 평가를 받았다.

알다시피 협동조합의 이념은 한자 '協'으로 상징된다. 協
은 '十(열 십)'과 '劦(힘 합할 협)'으로 구성된 한자다. 劦은 '力
+ 力 + 力'이며 十은 더한다는 의미요, 최고와 최선의 의미를
함축한다. 그러니까 여러 힘力을 합해 최선을 다하는 것이 바
로 '協'이다.

'協'은 '恊'과 같은 글자同字다. 恊은 열 십十 대신 마음 심
心→忄이 붙어 있다. 그래서 합할 협, 화합할 협이 된다.

그렇다. '같이의 가치'란 마음을 합하고 힘을 합해 최선을
다할 때 발휘된다. 이것이야말로 세대 갈등의 해법이다. 기성

세대와 신세대가 같이의 가치를 구현해야 할 것이니까. 직장에서 기성세대와 신세대가 갈등을 넘어 함께 발전하려면 '대연정'으로 '같이의 가치'를 최대한 발휘해야 하니까 말이다.

직장은 어쩔 수 없이 기성세대와 신세대가 어울려 일할 수밖에 없다. 그런데 별것 아닌 이유로 세대 간 간극이 크고 갈등의 골이 깊어진다면 피차 손해다. 윈윈이 아니라 루즈루즈lose-lose다. 다 함께 패배한다. 따라서 당신의 직장에 세대 간 갈등이 깊을수록, 세대 간 갈등을 느낄수록 '같이의 가치'를 떠올려야 한다. '같이의 가치'가 실현되도록 노력해야 한다. 함께하고 함께 노력해야 한다. '닥치고 꼰대'에서 '닥치고 같이'의 전환이 있으면 좋겠다.

7

너무 비난 마라.
당신도 곧 그렇게 될 테니

"똥 묻은 개, 겨 묻은 개 보고 짖는다"라는 속담이 있다. 더 큰 허물이 있는 자가 남의 허물을 탓한다는 의미다. 사람의 생각이란 동서양이 같은 듯, 서양에도 비슷한 속담이 있다. "The pot calls the kettle black(냄비가 주전자 보고 검다고 한다)."

러시아에서는 우리처럼 개에 비유하지 않고 돼지가 동원된다. "돼지가 말에게 '네 발은 휘었고 털이 적다'라고 한다"라는 속담이 그것이다. 같은 의미로 "사돈 남 말한다" "사돈 남 나무란다"라는 말도 있다. 자기 허물은 제쳐두고 남의 잘못만 험담하는 걸 빗대어 하는 말이다.

물론 이런 속담의 진의는 "남의 허물을 비난하지 말고 네 잘못이나 제대로 보라"는 의미다. 바로 "너나 잘하세요"가 되겠다.

그러나 발상을 바꿔보자. 남은 남이고 나는 나다. 내가 허물이 있다고 남의 허물을 탓하지 못할 것도 없다. 다시 말해, 똥 묻은 개가 겨 묻은 개를 나무랄 수 있다는 말이다. 사돈이 남 말을 할 수도 있는 것이다.

설령 기성세대에게 똥이 묻었더라도 신세대에게 겨 묻었다고 지적할 수 있다. 상사나 선배가 완벽하기에 부하나 후배를 가르치는 게 아니다. 못 배운 부모가 하버드 출신 자식에게 얼마든지 훈계할 수 있는 것과 같은 이치다. 그럼에도 기성세대의 조언과 충고에 내심 '너나 잘하세요'로 반응한다면 그건 잘못이다.

잊지 마라. 당신도 곧 꼰대가 된다는 것을. 지금은 겨 묻은 정도일 테지만 머잖아 당신의 후배로부터 똥 묻은 개 취급을 당할 수 있다는 것을. 그것이 불과 몇 년 후일 수 있다는 것을.

기성세대가 우습나? 당신도 곧 그렇게 된다

2005년, 스탠퍼드대 졸업식에서 있었던 스티브 잡스의 그 유명한 연설을 기억할 것이다. 연설 내용을 잘 알지 못하는 사람도 그가 마지막에 말한 "Stay hungry, stay foolish"는 알 것이다. 그러나 그 연설에서 이렇게 말했다는 것도 기억할 필요가 있다.

> "지금 이 순간, 새로운 세대는 바로 여러분입니다. 하지만 머지않아 기성세대가 될 것이고 이 세상에서 사라질 것입니다. 너무 극단적이라면 미안하지만, 이것은 엄연한 사실입니다 Right now the new is you, but someday not too long from now, you will gradually become the old and be cleared away. Sorry to be so dramatic, but it is quite true."

그렇다. 지금은 기성세대를 꼰대라고 눈 흘기는 당신도 결국은 그렇게 된다. 이것은 엄연한 사실이다. 그때 당신은 지금의 꼰대보다 더 낫게 생각하고 처신할 수 있다고 자신하는가. 지금의 기성세대도 젊은 날에는 당신과 같은 생각을 했을 것이다. 아니, 어쩌면 당신의 상사는 당신보다 훨씬 더 참신하고 훨씬 더 총명하며 탁월한 젊은이였을지 모른다. 그것을 인정한다면 답은 간단하다.

기성세대를 비난 일변도로 몰아치지 말자. 너무 꼰대, 꼰대 하지 마라. 당신도 흉보면서 닮게 된다. 스티브 잡스의 경고대로 머지않아 기성세대가 될 것이고 이 세상에서 사라져야 할 대상으로 눈 흘김을 받을 것이다. 당신의 후배, 뒤이어 진입하는 신세대로부터 말이다.

기성세대를 비판할 시간과 여유가 있다면 자신을 돌아보는 데 사용하는 것이 훨씬 생산적이요, 미래지향적인 자세일 것이다.

8

기성세대는 '꼰대', 그럼 신세대는 뭔가?

세대 문제와 관련해 기성세대를 공격하는 최고의 수단은 단연 '꼰대'다. 꼰대 프레임으로 걸고 넘어가면 빼도 박도 못한다. 그 단어 하나 때문에 수많은 기성세대가 전전긍긍한다. 우리가 사용하는 단어 중 이처럼 위력을 발휘하는 것도 흔치 않다. 멀쩡한 사람도 이 한 단어를 덧씌우면 아무 소리 못 하고 형편없는 사람이 된다.

꼰대 소리를 계속 듣다 보니 요즘은 기성세대가 세뇌(?) 된 것 같다. 스스로를 꼰대라 생각한다. 바보라는 지적을 계속 듣다 보면 바보짓을 하는 것처럼. 그래서 기성세대도 종종 "내가 꼰대인 걸 뭐"라며 머리를 긁적인다. 스스로 꼰대 프레임을 뒤집어쓴다. 한번 생각해보자. 생각이 있는 기성세대라면 적어도 이런 항변이 나와야 옳다.

"젊은 신세대, 너희는 그렇게 잘났냐?"

"기성세대 중에 꼰대짓하는 사람이 있다면 젊은 신세대 중에도 제 몫을 못 하는 사람이 있지 않은가?"

그것이 바로 '젊은 꼰대'라고? 아니다. '젊은 꼰대'는 말 그대로 젊은 세대임에도 불구하고 사고방식과 언행이 꼰대 같은 사람을 의미하는 것이다. 내가 말하고자 하는 것은 단지 젊다는 것 하나로 까닭 없이 기성세대를 부정하고, 세상을 보는 눈이 삐딱하고, 이유 없이 반항하는 청춘은 뭐라고 할 것이냐는 반문이다. 한마디로 꼰대의 반대말을 뭐라고 할 것인지를 묻는 것이다.

빤대 그리고 낀대

그 의문에 답으로 탄생한 용어가 '빤대'다. 내가 이 용어를 처음 발표한 것은 2017년 4월 17일, 블로그를 통해서다. 구태의연한 사고방식과 눈살 찌푸릴 언행을 하는 기성세대를 꼰대라고 한다면 '제 몫을 제대로 못 하는 젊은 세대는 뭐라고 하지?' 이런 상상을 하며 답을 찾은 것이다.

젊은 신세대 입장에서 기성세대의 행태가 그토록 불만스럽고 기분 나쁘다면 과연 신세대는 기성세대를 비판할 만큼 충분히 자기의 몫을 다하는가라는 의문이 있을 것이다. 당연히 그렇지 못한 신세대도 많다. 기성세대에게 꼰대가 있다면 신세대 중에도 남녀불문하고 비판받아 마땅할 사람은 있게 마련이다. 실상은 오히려 기성세대만도 못하면서 단지 젊다는 것 하나만으로 나이 든 이를 우습게 보고 깔아뭉개는 청춘도 많다. 세상만사를 무조건 삐딱하게 보는 젊은이, 근거 없이 기성세대를 폄하하는 젊은이도 많다. 그런 신세대를 뭐라고 칭할까 궁리 끝에 탄생시킨 신조어가 '빤대'다.

'빤대'의 어원(?)은 이렇다.

나는 꼰대의 반대말을 탐색하다가 젊은이다운 패기와 도전, 정의에 기반을 둔 항거, 이유 있는 비판은 좋지만 이유 없이 반항하고 삐딱하게 무조건 거부(반대)하며, 자신의 몫도 제대로 못 하면서 빤질대는 젊은이를 머리에 떠올렸다.

아울러 독립적이지 않고 부모에 기대어 '빨대' 노릇을 하는 무기력한 젊은이도 포함시켰다. 특히 '꼰대'라는 용어가 노인의 '주름'에서 유래됐다는 것을 참고해 그 반대로 젊은이의 '빤빤한 얼굴' '빤질거림'도 참고했다. 즉, 삐딱, 반대, 빨대, 빤빤, 빤질 등의 단어에 '꼰대'와 대칭되는 어감을 가미해 이름 지은 것이 '빤대'다. 어떤가? 괜찮은가? 꼰대 세대가 "와우!"라며 탄성을 지를지도 모르겠다(이 용어를 발표하기 전후에 여러 곳에서 의견을 구했는데 "딱 좋다!"며 정말로 탄성을 지르는 이가 많았다).

이 용어를 만든 이유는 기성세대와 젊은 세대의 갈등을 부채질하기 위해서가 아니다. 젊은이들이 나이 든 사람을 '꼰대'라고 하는 것에 발끈해 보복하려는 것도 당연히 아니다. 기성세대를 '꼰대 프레임'에 가두듯이 젊은 세대를 '빤대 프레임'에 가두려는 것도 아니다.

근본적인 이유는 지금까지의 세대론이 기성세대에 대한 공격 일변도였다면 이제부터 냉정하게 양쪽 모두를 돌아보게 하기 위해서다. 기울어진 운동장에 평형을 이끌어내기 위해서다. 기성세대를 비판하는 것 이상으로 젊은 세대의 문제점도 명확히 파악해보자는 의도에서다. 기성세대든 젊은 세대든 스스로를 돌아보며 함께 발전하자는 생각에서다. 무엇보다도 젊은 세대의 발전을 염원하기 때문이다.

　이렇게 꼰대에 대응하는 논리로 빤대를 탄생시키면서 부산물(?)로 튀어나온 것이 '낀대'다. 산업교육 강사들이 모인 포럼에서 이 단어를 소개했을 때 설명할 틈도 없이 이 용어의 의미를 정확히 해석해내는 걸 보면 누구나 무슨 의미인지 금방 감이 올 것이다. 그렇다. 기성세대와 신세대 사이, 꼰대와 빤대 사이의 어정쩡한 중간 세대, 낀 세대에 대한 새로운 용어다. 당연히 낀 세대와 꼰대의 합성어다.

　일반적으로 낀 세대라면 30대 후반부터 50대에 이르는 세대를 말하지만 그건 사회 전반에 걸친 구분이고 직장에서는 다르다. 직장에서는 50대면 퇴직을 앞둔 완전한 기성세대고 30대 후반만 돼도 벌써 중견의 기성세대가 된다.

　그러니까 낀대는 꼰대도 아니고 빤대도 아닌 어정쩡한 위치다. 나이로 구분하기보다는 양쪽의 특성을 조금씩 공유하고 있는 계층, 때로는 구태의연한 꼰대짓을 하지만 한편으로는 청춘의 설익은 행태를 보이는 사람들이 이에 해당된다. 자칫하면 위에서 까이고 아래에서 치이는 샌드위치 신세이기도 하다. 스스로는 탈권위적이고 신세대라고 생각해 후배와 가깝다고 믿지만 실제로는 아래로부터 비난받는 '낀 꼰대'요,

'낀 빤대'다.

어쩌면 많은 사람이 낀대일 것이다. 그러나 이 책에서는 '낀대'에 대해서는 다루지 않는다. 꼰대와 빤대를 다루면 자연스럽게 해결되는 문제이기 때문이다.

우선 확실히 해둘 것이 있다. 꼰대, 빤대, 낀대를 다룬다고 해서 누구나 셋 중 하나에 해당된다고 착각하지 말라는 것이다. 기성세대라고 해서 모두 꼰대가 아니듯이 낀 세대라고 해서 모두 낀대인 것은 아니며 젊은 신세대 모두가 빤대인 것도 아니다.

연령층은 셋 중 하나에 해당하지만 시대의 흐름에 맞는 열린 마음과 의식을 가지고 있고 다른 세대와 소통하며 아울러 그 연배다운 품격 있는 말과 행동, 열정과 균형감을 갖추고 제 몫을 다하는 사람이라면 그는 꼰대, 낀대, 빤대 어느 것에도 해당되지 않는다. 우리 모두가 추구하는 방향이 바로 이것이다.

그러나 현실은 그렇게 명확히 구분되지 않는다. 기성세대 중에 꼰대 기질이 없는 완벽한 '어른'은 없다. 공자든 맹자든, 심지어 스티브 잡스나 빌 게이츠도 마찬가지다. 또한 신세대 중에 빤대 요소가 전혀 없는 사람도 없다. 심지어 세대론을 주장하며 기성세대를 비판하는 저자들조차 마찬가지일 것이다.

　따지고 보면 우리 모두 낀대에 속할지 모른다. 나이가 어떻든지, 젊은이든 늙은이든 하나같이 꼰대적 요소와 빤대적 요소를 함께 가지고 있을 테니까. 정도의 차이일 뿐이다.

9

보이는 게
전부는 아니다

기존의 세대론을 접하면 세상의 기성세대는 온통 꼰대라고 착각하게 된다. 젊은이에게 잔소리나 늘어놓고 괜한 참견을 하며 언행을 너절하게 하는 형편없는 기성세대가 떠오른다. 직장에서도 권위와 나이만 앞세우고 부하를 못살게 굴며 갑질이나 해대는 상사나 선배가 상상된다.

그러나 현실을 돌아보라. 당신의 주변과 직장을 둘러보라. 그런 사람들뿐인가? 그렇다면 당신은 별로 좋은 집단의 구성원이 아니다. 그것이 회사라면 형편없는 곳이다. 실제로 그런 조직, 그런 회사는 많지 않다. 기성세대 대부분은 참 괜찮은 사람들이다. 상사나 선배 역시 마찬가지다. 어쩌다 한둘이 문제다. 물을 흐리고 살맛을 잃게 한다. 그들 때문에 모두가 꼰대로 취급된다. 불만의 적, 빨리 사라져야 할 대상이 된다.

특수한 사례를 일반화하는 오류

세대 차이, 세대 갈등의 문제는 특수한 사례를 일반화하는 오류를 범한다. 세대 문제를 다루다 보면 자신도 모르게 한쪽으로 기울게 된다. 문제점을 강조하다 보니 세상 모두가 그런 것으로 몰아가는 우를 범한다. 어떤 문제에 천착穿鑿하다 보면 한 방향으로 왜곡되는 수가 많다. 일부를 전체로 확대함으로써 세상이 온통 그 문제에 휘말려 있는 것처럼 보이는 것이다.

즉, 기성세대의 문제점에만 집중하다 보면 자칫 기성세대 전체가 꼰대인 것같이 몰아간다. 반대로 젊은 세대의 문제를 파헤치다 보면 젊은 세대 모두가 빤대로 보이기 십상이다. 〈매일경제〉에서 시리즈로 연재한 '밀레니얼 직장인 리포트'

에 의하면 우리가 신세대의 특성을 논하면서 편견과 오해로 침소봉대된 면도 적지 않음을 발견하게 된다.

흔히들 신세대는 야근을 거부하고 조직과 상사에 대한 충성도가 낮고, 회식을 혐오하며 빨리 퇴근하는 것만이 최고라고 생각한다고 인식하고 있지만(세대론을 다룬 책에도 신세대를 그렇게 평가하는 경우가 많다) 실제로는 많은 차이가 난다는 것이다.

야근과 관련해 조사를 해보니 밀레니얼 신세대 직장인 중 절반이 넘는 53%는 "내 할 일이 있으면 시간 외 근무를 해야 한다"라고 답변했다. "시간 외 근무는 없어야 한다"라고 응답한 사람은 불과 15%에 지나지 않았다. 퇴근 후 회식도 무조건 싫어하는 것이 아니다. 2030 직장인 가운데 50% 이상이 회식을 업무의 연장으로 인식했다. 단지 너무 빈번한 회식, 재미없는 회식에 거부감을 가질 뿐이다(〈매일경제〉 2019. 11. 3, "야근시키면 난리"라는 부장의 편견, 신입사원은 억울하죠).

이와 마찬가지로 신세대 모두가 기성세대에 대해 반항적이고 무조건 꼰대라고 매도하는 것 같지만 결코 그렇지 않다는 것을 알아야 한다. 일부분을 전체로 일반화하는 잘못을 저질러서는 안 된다.

"세대 갈등에 관한 이야기를 듣다 보면 신세대 직장인 모두가 기성세대에게 반감을 가지고 삐딱하게 일하는 것 같지만 그렇지 않습니다. 상사나 선배를 존중하며 협력적이고 긍정적인 사람이 훨씬 더 많습니다."

N은행의 중견 간부인 K씨(여성)와 세대 갈등에 관한 문제를 토론했을 때, 그가 마지막에 결론처럼 던진 말이다. 순간, 귀가 번쩍 뜨이고 제정신을 차렸다. 나 역시 기존의 세대론에 서서히 함몰되며 균형감을 잃기 시작했음을 자각했기 때문이다. "그래, 맞아요!" 그녀의 말에 깨우침의 탄성을 지르며 이런 이야기를 들려줬다. 농협중앙회에서 비서로 일하며 모셨던 회장님이 들려준 우화다.

어떤 사람이 저녁 식사에 초대받아 밥을 먹던 중, 돌을 씹었다. 그는 조심스레 돌을 뱉어내고 계속 밥을 먹는데 그만 또 돌을 씹고 말았다. 상황이 이러니 식사를 초대한 사람이 민망하게 됐다.

"돌이 많지요?"

그러자 손님이 말했다.

"아뇨, 돌보다는 쌀이 많군요."

회장님은 긍정적인 사고를 강조하기 위해 직원들에게 가

끔 이 이야기를 했다(그리고 그의 책에도 인용됐다. 원철희,《돌보다 많은 쌀》한국경제신문사, 1997). 아무리 돌을 많이 씹어도 돌보다 쌀이 비교할 수 없이 많은 것처럼 눈에 거슬리는 신세대가 많은 것 같아도 실상은 다름을, 실제로는 차이가 있음을 알아야 한다.

몹쓸 사람이 많은 것 같아도 좋은 사람이 더 많기에 세상은 점차 발전하고 있다. 기성세대 모두가 꼰대인 것 같아도 그렇지 않은 사람이 더 많기에 세상은 진보한다. 신세대는 모두 빤대인 것 같아도 그렇지 않은 젊은이가 많기에 활기차고 발전하는 것이다.

'어쩌다' 나타나는 현상을 '언제나' 그런 것으로 확대해서는 곤란하다. '일부' 사람의 빗나간 행태를 '모두'가 그런 것으로 생각해서도 안 된다. 세대 문제를 떠올릴 때 특별한 경우를 일반화하는 오류를 범하고 있지 않은지 돌아봐야 한다.

세대론을 다루는 사람도 조심해야 하지만 그런 주장을 접하는 독자나 청중도 착각의 우를 범해서는 안 된다. 저자의 주장은 그런 의도가 아니었는데 독자가 잘못 받아들이는 경우도 적지 않다. 돌보다는 쌀이 많은 것이요, 꼰대나 빤대보다는 제대로 자신의 몫을 다하는 사람이 훨씬 많다. 그래서 세상은 살맛 나고 직장은 굴러간다.

결코 보이는 게 다가 아니요, 들리는 게 전부가 아님을 알고 세대 차이와 갈등에 대처해야 한다.

제 2 부

꼰대의 일격
회사는 유치원이 아니다

군대는 말할 것도 없고 회사 역시 유치원이 아니다. 회사의 간부는 유치원 교사가 아니다. 밖을 향해 치열한 전투를 벌여야 회사의 생존이 가능한 상황에 내부 구성원들에게 일일이 신경 쓴다면 어떻게 되는가. 에너지를 낭비하는 게 될뿐더러 그럴 여력도 없는 게 기업들의 어려운 여건이다.

이 책은 정치·사회적 세대론이 아니다. 어떻게 하면 기성세대와 신세대가 함께 어우러져 좋은 직장 생활을 할 것이냐에 관한 논의다. 직장 생활과 자기 계발, 발전에 관한 세대 이야기다. 신세대는 물론이요, 꼰대 세대에 대해서도 현실적 조언을 주는 데 초점을 맞췄다. 제2부에서는 꼰대의 입장에서 세대론을 펼치려 한다. 이름하여 꼰대의 일격이다. 물론 신세대를 아끼는 '사랑의 일격'이다.

10

신세대를 이해하라고?
먼저 회사를 이해하자

앞에서 세대론의 문제점을 말했다. 꼰대 프레임에 갇힌 기성세대와 제 몫을 다하지도 못하면서 이유 없는 반항과 삐딱함에 물든 신세대도 돌아봤다. 이제부터 본격적으로 회사에 적용할 세대 이야기를 펼쳐보겠다. 이미 강조했듯 이 책은 정치·사회적 세대론이 아니다. 어떻게 하면 기성세대와 신세대가 함께 어우러져 좋은 직장을 만들 것이냐에 관한 논의다. 직장 생활과 자기 계발, 자기 발전에 관한 세대 이야기다. 이번 편에서는 신세대에게 따끔한 조언을 주는 데 초점을 맞

쳤다. 꼰대의 일격이다. 물론 신세대를 아끼는 '사랑의 일격'
이다. 그러나 신세대 입장에서는 기분 나쁜 부분도 있을 것
이다. '욱'하면서 들이받고 싶은 심사가 될 수도 있다. 하지만
기성세대의 시각이 어떤지를 아는 것은 앞으로의 성장에 도
움이 될 것이다. 넉넉한 마음으로 귀 기울여보자.

신세대의 특성과 회사 경영의 관계

최근 신세대를 분석한 좋은 책이 여러 권 나와서 베스트
셀러로 시장을 누볐다. 그중 하나로 많은 관심을 끈 것이《90
년대생이 온다》(임홍택, 웨일북, 2018)이다. 이 책은 세대 차이
와 갈등을 다뤘다기보다 조직의 구성원으로서 또는 소비자
로서의 새로운 세대인 90년대생을 어떻게 이해하고 받아들
이고 활용할 것인지를 다룬다. 물론 그들 세대의 특징도 통계
나 사례를 들어 잘 설명하고 있다.

그 책을 비롯해 여러 책과 보고서, 신문 기사 등에서 세대
론을 분석하고 소개한 신세대의 특징을 모아보면 대개 다음
과 같다. 잘 음미하면서 읽어보자.

그들은 간단한 것을 좋아한다, 흥미와 즐거움을 추구한다, 디지털 친화적이며 글로벌 환경과 IT 등 새로운 것에 적응력이 강하다, 권위를 거부하며 자유분방하다, 자유롭게 생각하고 자기 뜻대로 행동한다, 창의적이고 도전적이다, 감정과 생각을 솔직하게 표현한다, 그래서 할 말을 참지 않는다, 개인주의 성향이 강해서 '나'와 '오늘'을 중심으로 산다, 회사보다 사생활을 중시한다, '워라밸'을 추구한다, 소속감이나 충성심이 약하고 한 직장에 오래 다니지 않는다, 관심사가 다양하다, 사회 공통의 문제보다 개인의 삶에 더 큰 의미를 둔다, 어디로 튈지 모르는 럭비공 같다 등등이다.

이런 분석 중에는 서로 모순되거나 실상과 다른 것도 있다. 예컨대, 그들은 2008년의 금융위기를 지켜보며 구조조정으로 언제 회사를 떠나야 할지 모른다는 불안함을 갖고 있어 편안하고 소소한 재미를 누릴 수 있는 삶을 희망한단다. 그래서 직업의 안정성을 중요시해 구조조정의 공포 없이 정년이 보장되는 공기업이나 공무원을 이상적인 직장으로 여긴다는 분석이 대표적이다. 이것은 신세대가 창의적이고 도전적이라고 한 것과는 모순된다. 또한 안정성을 중시한다는 그들이 툭하면 사표를 내던지는 현실과도 맞지 않는다.

이는 무엇을 의미하는가? 분석이 잘못됐다기보다 중심을 잡지 못하고 흔들리는 신세대의 처지를 암시한다. 동시에 모든 신세대에게 공통된 특성이 아니라 사람마다 다르다는 의미도 된다.

좋다. 다 맞는 말이라 치자. 인간은 원래 양면성의 존재니까. 문제는 앞에서 열거된 특성들이 회사의 입장, 조직 운영의 차원에서 봤을 때 얼마나 바람직하냐는 것이다. 그런 시각으로 위의 특성을 하나씩 따져보며 다시 읽어보라. 수많은 특성 중에 회사 입장에서는 탐탁지 않은 것이 의외로 많음을 발견하게 된다. 회사 경영자의 입장에서 신세대의 특성들이 반드시 좋은 것도, 적절한 것도 아님을 알게 될 것이다.

신세대에 맞출까, 회사에 맞출까?

국가의 정책으로, 정치의 선거 전략으로, 그리고 시장(마케팅) 개척의 차원에서 신세대를 어떻게 다루고 대응할 것인지를 논하는 것과 회사의 경영 측면에서 그들을 어떻게 대해야 할 것인지는 전혀 다르다.

그래서 나는 신세대의 특징이 저러하니 그들을 이해해야

한다는 것 이상으로 신세대가 회사의 입장과 특성을 이해해야 한다고 주장한다. 신세대 중심, 신세대의 시각으로 세대 문제를 다루는 것도 좋지만 회사의 입장, 기성세대의 시각으로 세대 문제를 다루는 것도 현실적으로 매우 중요하다.

물론 회사든 기성세대든 신세대를 이해하고 포용하고 양보해야 한다는 주장이 잘못된 것은 아니다(4부에서는 그것을 다룬다). 회사는 신세대가 마음껏 활약할 수 있는 풍토를 만들어야 하고, 상사나 선배 등 기성세대 역시 그에 동조해야 한다는 주장이 선의인 것을 안다. 어찌하든 회사도 발전하고 기성세대도 성장하자는 목적일 것이다. 회사와 기성세대의 차원에서 해결해야 할 과제가 분명히 존재하는 것 또한 맞다.

그러나 '회사(조직)'의 입장으로 시선을 바꾸면 상황은 달라진다. 경영이라는 것을 생각하면 무조건 신세대의 손을 들어줄 수가 없다. 신세대의 강점이 회사의 강점이 되는 것은 아니며 도움이 되는 것도 아니다.

치열한 경쟁 속에서 사활을 걸고 목표를 향해 질주해야 하는 것이 회사다. 그리고 회사마다, 조직마다 경영의 여건이 다르고 방침이 다르며 나름의 질서가 있고 문화가 있다. 자유로운 구글 같은 회사가 있는가 하면 혹독하게 밀어붙이는 일본전산 같은 회사도 있다(요즘도 그런지는 모르겠다).

풍부한 자원과 높은 성과, 잘 짜인 조직으로 여유만만한 대기업이 있는가 하면, 필사적인 노력으로 겨우 버티고 있는 열악한 여건의 중소기업도 있다.

무조건 '하면 된다'는 군대 조직 같은 곳이 있는가 하면 자유분방한 조직도 있을 것이다. 그런 특유의 여건과 문화를 무시하고 무조건 신세대의 특성과 취향에 맞추려고 한다면 과연 제대로 경영이 되고 조직이 운영될 수 있는가.

신세대를 무시하라는 말이 아니다(말귀를 못 알아듣는, 아니 글귀를 못 알아보는 사람이 의외로 많다). 신세대의 욕구와 요구에 귀를 닫으라는 말도 아니다. "누울 자리를 보고 다리를 뻗으라"는 속담처럼 일단 회사가 움직이고 봐야 한다. 조직원이 회사와 함께 발전하려면 무엇이 먼저고 무엇이 그다음인지 알아야 한다. 회사가 신세대에게 맞추는 것이 먼저인지 신세대가 회사와 기성세대에게 맞추는 것이 먼저인지 생각해볼 필요가 있다. 판단은 당신의 몫이다.

11

회사는
유치원이 아니다

신세대와 대화하다 보면 이런 항변을 자주 듣는다.

"기성세대는 우리를 가리켜 '요즘 신세대는 스펙은 좋은데 정신력은 약하다'라고 하는데 그것은 기성세대의 편견일 뿐."

그것이 신세대에 대한 기성세대의 일반적인 평가임에 틀림없다. 하나같이 "그들은 디지털 친화적이어서 컴퓨터와 인터넷 등 IT 분야에서는 톡톡 튀지만 멘털은 약하다"라고 한다.

왜 기성세대는 신세대를 그렇게 평가할까? 그것이 과연 편견일까? 그 평가는 신세대를 상대해본 경험을 통해 느끼고 마음에 새겨진 현실적이고 객관적 판단일 것이다. 자녀를 키우면서, 또는 직장에서 함께 일하면서 절실히 느끼기에 그렇게 말하는 것이다.

신세대는 멘털이 약하지 않다고 할 것이고, 억울해할지 모른다. 그러나 기성세대의 눈에는 나약하게 보이는 게 사실이다. 기성세대 자신이 젊었을 때와 비교해보면 '게임'이 안 된다. 신세대의 나약함을 증명할 수 있냐고? 당연히 있다.

"유치원 교사가 된 것 같다."

지각이 잦은 신입사원을 큰소리로 나무랐더니 부모로부터 "잘 부탁한다"는 전화를 받았다는 상사의 이야기부터, 일 처리를 잘못한 부하에게 질책을 한 다음 날 부모가 직접 찾아와 자식의 역성을 들며 항의했다는 에피소드까지, 기성세대에게는 상상도 할 수 없는 나약함이다.

그뿐인가? 더 극명한 사례는 군대에서 나온다. 군대가 어떤 곳인가? 전쟁에 대비하는 곳이다. 전쟁에 버금가는 강한 훈련과 적을 제압할 수 있는 깡다구를 키워야 하는 것은 기본 중의 기본이다. 그런데 야간 훈련을 하기 위해 얼굴에 위장偽裝크림을 바르라고 했더니 "피부가 민감해서 바르지 않겠다"라는 신병이 있을 정도다.

군대에서 전화 사용이 허락되는 것부터가 기성세대에게는 의아할 상황이다. 좋다. 그런 건 군대의 근무 환경이 좋아진 것으로 이해할 수 있다. 문제는 병사가 아픈 것을 후방의 부모가 먼저 알고 지휘관에게 "우리 애가 요즘 아프다는데 잘 관리해달라"는 전화를 한다는 사실이다. 그 정도는 약과다. 얼굴이 피곤해 보이는 아들의 사진을 보고 "너무 힘들어 보이는데 훈련을 살살 시켜달라"고 민원을 넣는다니 기가 막힐 노릇 아닌가.

심지어 신병 교육을 담당했던 어느 장교는 부모에게 "우리 아이가 운동화 끈을 잘 묶지 못하니 살펴달라"는 요구를 받은 적도 있단다. 이러고도 멘털이 약하다는 데 동의하지 못하겠는가? 오죽했으면 군대 간부들 사이에서 "군인이 아니라 유치원 교사가 된 것 같다"는 한숨 섞인 푸념이 나올까(〈조선일보〉 2018. 2. 3 및 2019. 3. 27).

이런 식으로 군대 생활을 한 젊은이들이 어느 정도로 나약할지는 충분히 상상하고도 남는다. 그렇게 길들여진 청년들이 회사에 들어왔으니 기성세대인 상사와 선배가 어떻게 평가할지는 뻔하다. 신세대를 부하로 둔 회사의 간부들 역시 유치원 교사가 된 것 같은 느낌일 것이다.

그런 건 "잘못 자란 청년들이 보이는 일부의 현상 아니냐?" 하고 반박할지 모른다. 그게 바로 '일부를 전체로 확대 해석하는 것'이라 말할 수도 있다. 과연 일부의 현상일까? 나는 '빙산의 일각'으로 본다. 물론 강인한 정신력을 갖춘 좋은 청년들도 있다. 그러나 신세대에 대한 전체적인 평가는 '나약함'으로 기울 수밖에 없다.

철없는 젊은 날은 죽어야 한다

군대는 말할 것도 없고 회사 역시 유치원이 아니다. 회사의 간부는 유치원 교사가 아니다. 밖을 향해서 치열한 전투를 벌여야 회사의 생존이 가능한 상황에 내부 구성원들에게 일일이 신경 쓴다면 어떻게 되는가. 에너지를 낭비하는 게 될뿐더러 그럴 여력도 없는 게 기업들의 어려운 여건이다.

고객을 만족시키기 전에 내부 고객, 즉 내부 구성원부터 만족시켜야 한다는 이론을 모르지 않는다. 그러나 만족시킬 걸 만족시켜야지, 유치원생처럼 어르고 달래며 회사를 끌고 갈 수는 없다. 그렇게 어르고 달래봤자 결국 헛수고다. 그런 사람은 어차피 경쟁력이 없는 사람이요, 주면 줄수록 앙앙거린다. 오냐오냐하면 할아버지 수염까지 당긴다고 하지 않던가?

회사로서는 계속해서 새로운 세대가 진입할 터인데 언제까지 신세대의 눈치를 보며 경영할 것인가. 새로운 세대를 이해하고 그들이 신바람 나게 활약할 수 있는 풍토를 만드는 것은 중요하다. 그것을 부인하지 않는다. 적극 권장한다. 그러나 경영환경과 조직의 생리를 도외시하고 신세대의 입맛을 맞추는 데 에너지를 쏟는 것 역시 바람직하지 않다.

잊지 마라. 회사는 유치원이 아니다. 멘털이 강한 훌륭한 젊은이도 많은데 나약한 대상, 이유 없는 반항에 물든 사람, 즉 빤대까지 보살피며 비위를 맞출 수는 없다. 젊은 세대에게는 이런 주장이 매우 불편할 것이다. 그러나 회사의 입장에서 사원을 보자. 당신은 그렇지 않겠지만 주위에 유치원생 같은 동료가 없지 않음을 알 것이다. 젊은 신세대의 눈으로 봐도 빤대가 있음을 부인하지 못할 것이다.

당신이 간부라면 그런 사람까지 달래가며 리더로 일할 것인가? 당신이 회사를 끌어가는 경영자라면 어떻게 사람을 경영할 것인지 냉정히 돌아보자. 거꾸로 신세대가 어떻게 처신해야 할지 답이 나온다. 그렇다면 회사의 변화를 요구하는 것

이상으로 젊은 구성원 역시 바뀌어야 함을 깨닫게 될 것이다.

아프리카의 지성이라 불린 아마두 함파테 바^{Amadou}
Hampate Ba는 "노인 한 사람이 죽는 것은 도서관 하나가 불타 없어지는 것과 같다"라는 유명한 말로 노인의 가치를 높이 샀고 자전적 성장소설 《들판의 아이》(이희정 옮김, 북스코프, 2008)에서 이렇게 말한다.

> 그때 나는 일곱 살이었다. 어느 날 저녁, 식사를 마치고 아버지가 나를 불러 이렇게 말했다.
> "오늘 밤으로 마냥 철없는 꼬마였던 너는 죽었다. 지금까지 너는 어렸기 때문에 뭐든 네 멋대로 할 수 있었지. 하지만 오늘 밤부터는 너도 어엿한 어린이가 돼야 한다."
> 그날 밤 나는 잠을 이룰 수 없었다. "철없는 꼬마였던 너는 죽었다"라고 하던 아버지의 말씀이 계속 머릿속에 뱅뱅 맴돌았기 때문이다.

맞다. 이제 철없는 젊은 날은 죽어야 한다. 신세대를 부추기는 주장에 부화뇌동해 마치 기성세대는 쓸모없고 생각도 없는 존재로 깔보는 자세를 바꿔야 한다. 명과 암을 잘 가리며 기성세대의 가치를 인정하고 경험을 제대로 배우는 '어엿한' 어른이 돼야 한다. 유치원생처럼 나약하게 보호받으려는 생각은 떨쳐버리고 멘털을 강하게 키워야 한다.

철없는 젊은 날을 어떻게 죽일 것인지 오늘 밤은 잠 못 이루며 고민해보자.

12

신세대에게 맞추라고?
회사에 맞춰라!

신입사원 시절, 내가 좋아하며 따랐던 선배 S는 신참이 요령을 피우거나 제멋대로 설치면 이렇게 쿡 찔렀다.

"여기는 삼촌 회사가 아냐!"

무슨 의미인지 아시겠는가? 회사는 놀이터가 아니라는 말이요, 제멋대로 일해도 되는 곳이 아니라는 말이다. 징징대는 것을 어르고 달래주는 가정이 아니며, 부족해도 눈감아주고 넘어가는 곳이 아니라는 말이다. 회사의 요구, 상사의 뜻에 부응하지 못하면 언제 내칠지 모르니 조심하라는 경고였다.

회사라는 이름의 사회를 바로 알아야 한다. 그 속성을 헷갈리지 말아야 한다. 회사는 일하는 곳이다. 위계질서가 있는 곳이다. 수평적 조직을 만들겠다고 호칭을 평준화하고, 직명을 없애고 '님'이라 통일하고, '야자 타임'을 갖고, 위아래 없이 "야!" "자!"를 불러대도 엄연히 위계가 있는 곳이다. 아니, 있어야 한다.

회사의 인사시스템이 형편없이 엉성한 것 같고, 승진은 신상필벌이 아니라 학맥, 인맥 등 사적 인연에 의해 이뤄지는 것처럼 보일지 몰라도 그건 당신 생각이요, 세상의 이치를 모르는 판단이다.

결과적으로 능력에 따라 승진하고 처신과 실적에 따라 대접하는 곳이 회사다. 일하는 대가로 월급을 주며 일 잘하면 승진시키고 못 하면 누락시킨다. 공헌이 크면 보상하고 작으면 떠나보낸다. 필요하면 고용하고 필요 없으면 퇴출시킨다. 집안의 친척처럼 사랑으로, 정으로, 의리로 당신을 보살펴주는 곳이 아니다. 기분 나쁘게 들릴지라도 이것이 현실이다.

그런데도 "아, 보람 따위는 됐으니 야근수당이나 주세요" "하마터면 열심히 살 뻔했다"라는 신세대를 이해하고 포용하라고? 삼촌 회사처럼?

스스로 의식과 태도를 바꾸자

K보험 사장은 요즘 신세대 직원들을 보면 입이 딱딱 벌어진다. 그들의 재기발랄에 감탄해서가 아니다. 상사 앞에서도 당당하게 "이 일은 제가 할 일이 아닙니다" "그걸 제가 왜 해야 하지요?"라며 고개를 빳빳이 들고 되묻기 일쑤이기 때문이다. 사기도 올려줄 겸 회식에 참석하라고 하니 "개인적 선약이 있어 못 가겠습니다" 하고 거침없이 밝히는 것이었다. 지난번에는 한 신입 직원이 "일이 너무 많고 힘들다"라며 사표를 냈다. 며칠 후, 그 부모가 찾아와 "사표를 반려해줄 수 없느냐"고 통사정을 하더란 것.

CEO 리더십 연구소의 김성회 소장이 신세대에 대해 쓴 글의 일부다(〈이코노믹리뷰〉 2011. 10. 5). 10여 년 전의 글이지만 오늘의 신세대를 묘사한 것처럼 들린다. 그때나 지금이나 신세대의 행태는 크게 달라지지 않았다는 의미다. 이런 직장인을 '신세대'니까 너그러이 이해하고 수용하라고? 그래서 어쩌라고. 회사가 자선단체인가? 친목 단체인가? 징징거리는 아이조차 어르고 달래고 도닥거리는 유치원인가?

회사는 위계 조직의 경영체다. 조직에는 엄연히 위계가

존재한다. 위가 있고 아래가 있다. 상사가 있고 부하가 있으며 선배가 있고 후배가 있다. 리더가 있고 팔로워가 있다. 그런데 초점을 '아래'에만 맞춘다?

회사는 가정이 아니다. 무남독녀 외동딸을 키우듯 조심조심 오냐오냐하며 비위를 맞출 수 없다. 더구나 매년, 또는 수시로 신세대가 입사하는 상황에서 언제까지 그들의 비위를 맞추며 회사를 운영하고 팔로워를 리드할 것인가.

사원들을 향해 섬김 리더십을 발휘해야 하는 것 아니냐고? 웃기지 마라. 섬김은 그런 뜻이 아니며 아무나 섬기는 것도 아니다. 이유 불문하고 팔로워에게 설설 기라는 것은 더욱 아니다. 서로의 다름을 인정하고 존중할 것은 존중하되 아닌 건 아닌 것이다. 신세대를 이해하고 수용하는 것도 좋지만, 먼저 그들이 회사와 상사를 이해하고 수용해 잘 따르는 것이 중요하다.

이제 신세대 중심으로 기울어진 세대론에 균형을 도모할 때가 된 것 같다. 신세대를 이해하고 수용하라고만 할 것이 아니라 신세대에게 회사의 입장과 상황에 맞추기를 요구해야 한다. 신세대 스스로 의식을 바꾸고 태도를 바꿔야 한다. 회사를 위해서가 아니다. 자신을 위해서다. 그래야 경쟁력 있는 신세대 직장인이다.

13

신세대는
삐딱해야 한다고?

신세대의 특징 중 하나는 기존의 질서와 권위에 대한 거부다. 도전이다. 그것이 언행으로 나타날 때 '삐딱함'으로 비칠 수 있다. 그래서 젊은 청춘이 삐딱한 건 젊음의 패기쯤으로 이해하는 분위기다. 그런 탓인지 젊은이에게 삐딱하기를 권장하는 이들도 종종 있다. 특히 창의적 시각을 강조하는 전문가 중에 그런 주장을 하는 사람이 많다.

슬로베니아 출신의 세계적인 석학으로, 우리나라에 와서 강연까지 했던 슬라보예 지젝Slavoj Zizek은 《삐딱하게 보기

Look-ing Awry》(김소연 옮김, 시각과 언어, 1995)에서 삐딱하기를 강조했다. '왜?' '어떻게?' 등 문제의식과 비판적 안목을 가지고 세상과 사물을 봐야 한다는 것이다. 동의한다.

'통섭統攝의 석학'으로 유명한 최재천 교수도 청춘을 향해 삐딱하기를 권했다. "강의실에서 제발 정자세로 앉지 마라. 좀 삐딱하게 앉으면 안 되나. 교수한테 좀 기분 나쁘게 하는 놈이 없는 게 너무 기분 나쁘다"라고 했다(《머니투데이》 2012. 1. 16). 물론 활기차고 창의적인 젊음을 바라는 깊은 뜻을 모르는 바 아니다.

창조적이며 선의를 가진 삐딱함이 아니면 병이다

이해한다. 젊은이가 어느 정도 삐딱하고 반항적일 수 있다는 것을. 특히 팔로워의 입장이 되면 거의 본능적으로 '높은 놈' '기성세대'에 대한 저항 DNA가 꿈틀거린다는 것도.

어느 시대를 막론하고 젊은이는 좀 삐딱했다. 나 역시 젊은 시절에 상사의 눈으로 보면 삐딱한 사람이었다. 창의적 삐딱함과 파괴적 삐딱함이 혼재됐지만…. 대학 시절에는 교수님을 향한 삐딱함이 대단해서 그들의 권위를 인정하지 못했고(그 바람에 교수님께 불려 가 혼쭐이 난 적도 있다) 직장 생활 초년에는 상사를 내심 우습게 보곤 했다.

심지어 "우리나라가 잘되려면 마흔 살 넘은 사람은 없어져야 한다"라고 말했을 정도니 그 삐딱함을 상상할 수 있을 것이다. 이거야말로 삐딱함을 넘은 망발이다. 마흔 살의 나이는 한창 젊은 청춘이다. 지금의 늙은 눈으로 보면 '요즘 애들'에 불과하다. 그럼에도 불구하고 20대 중반 당시에는 그들이 답답하기 이를 데 없는 불필요한 존재로 보였다.

그러니 요즘 젊은이들이 기성세대를 대하는 태도가 어떨지는 설명이 필요 없다. 더구나 요즘의 세태는 내가 젊었을 때와 비교가 되지 않을 정도로 급격하게 변하고 있지 않은가. 젊은이로 하여금 삐딱하기 딱 맞게 돌아가는 세상이다. 삐딱하고 부정적이어야 개념 있고 진보적이고 문제의식 있고 신념 있는 사람으로 여겨진다. 순응적이고 긍정적이고 교과서적인 이야기를 했다가는 '꼴통'이나 '젊은 꼰대' 취급받기 십상이다.

지금은 SNS 시대요, 디지털 시대다. 온갖 정보가 실시간으로 공유되며 정신없이 바쁘게 돌아가는 시대다. 이런 시대를 사는 신세대에게는 기성세대가 답답하게 보일 수밖에 없다. 대한민국 역사상 가장 막강한 스펙을 갖췄다는 젊은이들. 20대를 중심으로 한 신세대는 컴퓨터 마우스를 쥐고 태어난 세대라고 할 만큼 디지털 친화적이다. 그래서 디지털기기에 굼뜬 예전 세대와는 코드가 맞지 않는 것이 당연하다. 거기에다 외국어 하나쯤은 거뜬히 구사하며 '나 홀로 해외 여행'을 떠날 정도로 글로벌 의식이 높다. 그러니 관광 가이드를 앞세우며 단체 여행이나 가는 꼰대들이 어떻게 보이겠는가.

문제는 그 삐딱함이 창조적이고 선의가 아니라 정말로 삐뚤어진 것이라는 데 있다. 세상을 항상 부정적으로 보고, 사물의 뒷면만을 강조하며, 옳은 비판이 아닌 비난과 원망과 질시로 가득한 것이라면 그건 병이다. 장래를 망칠 게 뻔하다.

삐딱함을 벗어나 진짜 젊은이가 되라

건설적 삐딱, 긍정적 삐딱, 창의적 삐딱함은 소중하고 필요하다. 젊은 청춘에게 그런 삐딱함은 장려할 일이지만 단지 세상사를 거부의 눈빛으로 바라보는 삐딱함, 이유 없는 반항은 결코 좋은 것이 아니다. 앞에서 그런 신세대를 일컬어 '빤대'라고 규정했다.

빤대가 되면 그건 망하는 길로 들어서는 게 된다. 회사를 위해서도 자신을 위해서도 바람직하지 않다.

직장은 투쟁하러 오는 곳이 아니다. 독립운동을 하는 곳도 아니다. 서로 힘을 합쳐 좋은 회사를 만들고 그럼으로써 자기의 가치를 실현해야 하는 곳이다. 그렇다면 어떻게 해야 하는가. 답은 뻔하다. 삐딱한 마음을 열어 긍정해야 한다.

'삐딱선-線'이라는 말이 있다. 마음이나 생각, 행동 따위가 바르지 못하고 조금 비뚤어져 있는 상태를 이르는 말이다. 삐딱한 줄에 서 있다는 뜻이다. 빤대가 바로 그런 줄에 선 사람이다. '삐딱선線'은 삐딱선船이 될 수 있다. 배가 삐딱하면 오랫동안 항해하기 힘들다. 곧 침몰하고 말 것이다. 인생사도 마찬가지다. 삐딱한 선에 선 빤대는 삐딱한 배인 삐딱선에 올라탄 사람과 같다. 그러니 앞날이 어떻게 될지 상상할 수 있을 것이다. 머잖아 인싸에서 밀려나 아싸가 된다.

아무쪼록 빤대가 되지 말고 정말로 괜찮은 젊은이가 돼라. 창의적 삐딱함과 순응적 긍정성을 갖춘 젊은이야말로 정말로 신세대다. 진짜 젊은이다.

꿈꾸지 마라. 현실을 똑바로 보자

일본에서 소설과 드라마로 인기 폭발이었던《한자와 나오키半沢直樹》(이케이도 준, 이선희 옮김, 인플루엔셜, 2019)는 일본에서만 무려 600만 부 이상 팔린 최고의 베스트셀러였고 우리나라에서도 인기몰이를 했다. 그 책의 부제는 이렇다.

"당한 만큼 갚아준다."

상사의 갑질과 회사의 부당함을 당한 주인공 한자와 나오키는 은행원이다. 그는 갑질과 부당함에 맞서 싸운다. 그때마다 외치는 한마디가 바로 "당하면 갚아주는 게 내 방식이야. 열 배로 갚아줄 거야"다.

기성세대의 시각에서 보면 그는 삐딱한 젊은이가 틀림없다. 그는 권위적인 조직에서 상사에게 거침없이 항변하며 바른말만 골라 한다. "제 책임이 아닌 것까지 사죄하는 건 오히려 부끄럽고 무책임한 행동이라고 생각합니다." 사죄를 요구하는 상사에게 한자와가 맞받아치는 소리다.

같은 젊은이의 입장에서 그는 정의의 화신이다. 때로는 복수도 마다하지 않는 그를 통해 통쾌한 카타르시스를 느낄 것이다. 찌들 대로 찌든 오늘의 직장인들이 '핵사이다' 소설이라며 환호할 수밖에 없다.

이건 직장인의 판타지요, 꿈이다. 그러나 판타지란 무엇인가? 공상이요, 몽상이다. 실재하지 않는 초현실이다. 직장인들은 한자와 나오키를 통해 통쾌함을 느끼지만 현실로 돌아오면 한낱 꿈일 수밖에 없음을 깨닫게 될 것이다.

저자 이케이도 준은 은행원으로 일한 경험을 살려 이 소설을 썼다. 그는 한 인터뷰에서 이렇게 말했다.

"한자와를 따라 하지 말라. 나도 현실에선 예의 바른 은행원이었다. 보통 사람이라면 말하고 싶은 대로 다 말할 순 없다(〈조선일보〉 2019. 7. 10, 상사에게 당하면 열 배로 갚는다…. 이게 직장인의 판타지)."

거보라. 꿈꾸지 마라. 빨리 꿈에서 깨어나라. 현실에 발을 디뎌라. 회사나 상사의 눈에 비친 그가 어떨지를 상상해보면 답이 나온다.

14

퇴사하겠다고?
그래, 잘 가라

"박사님, 강의를 하실 때 일찍 퇴사하지 말고 3년 정도라도 열심히 일한 후에 생각하라고 말씀 좀 해주세요."

대기업 H그룹 신입사원을 대상으로 강의 의뢰를 받았는데 교육 담당자가 이런 부탁을 했다. 사정인즉슨, 신입사원 중 입사하기 무섭게 퇴사하는 사람이 적지 않다는 것이다. 아니, 남들은 취직을 하지 못해 부러워하는 대기업에서 신입사원의 퇴사를 걱정하다니.

그게 현실이다. 직장인 10명 중 8명(82%)이 퇴사 충동을 느끼고(취업포털 '사람인' 조사, 〈이투데이〉 2021. 8. 10), 중소기업의 경우에는 10곳 중 9곳에서 입사한 지 1년이 안 된 직원이 퇴사한 경험이 있으며 신입사원의 퇴사 시기는 입사 후 6개월 이내가 90%에 이른다(잡코리아 조사, 〈헤럴드경제〉 2023. 3. 20). 심지어 2019년 새해 소망을 조사한 빅데이터에 의하면 입사와 퇴사 모두가 '새해 소망 키워드'로 등장했다. 취업하는 것이 소망인 동시에 퇴사하려고 안달이 났다는 말이다. 그래서 진퇴양난, 아니 '입퇴양난入退兩難'이라는 신조어까지 탄생했다.

"Go man go, Is man is."

상황이 이러니 갓 입사한 신입사원 교육에서 퇴사를 말리는 강의가 이뤄지고 있다. 뿐만 아니라, 신입사원의 퇴사율이 높으면 상사인 팀장의 인사고과를 깎는 회사가 있을 정도다. 세상에나! 그러니 젊은 친구들이 더욱 기고만장해지는 게 아닐까?

정말 웃기는 이야기다. 제발 그러지 마라. 떠나겠다는 사람 억지로 잡지 마라. 퇴사하겠다는 사람을 어르고 꼬여서 무슨 희망이 있는가. "평안감사도 저 싫으면 그만"이라는 속담도 있지 않던가. 그런 사람을 잡아서 어쩔 건가. 사람은 잡을 수 있을지 몰라도 마음을 잡는 데는 실패할 것이다. 그리고 또 떠나겠다고 할 게 뻔하지 않는가. 회사와 상사가 그런 사람에게 정성과 에너지를 낭비할 필요는 없다.

예전에 웃기는 표현 중 이런 게 있었다.

"Go man go, Is man is."

'갈 사람은 가고 있을 사람은 있으라'는 의미다. 물론 어법에 맞지 않는 콩글리시 유머다. 그렇다. 있을 사람은 있고 갈 사람은 가는 거다.

삼성전자를 박차고 나와 31세의 나이에 '퇴사학교'를 차린 장수한 대표의 말이 떠오른다. 그는 퇴사를 가르치는 '퇴사학교'의 창업자지만 퇴사를 장려하지 않는다. 수강생에게 가장 많이 하는 조언은 "퇴사하지 말라"는 것이란다. 회사 밖은 '정글'이라는 이유에서다. 퇴사를 가르치는 사업을 운영하는 지금도 '과연 이게 맞는 걸까'라며 고민한다고 했다. 그 솔직함이 좋다

자기가 하기 싫으면 어쩔 수 없다. "말을 물가로 끌고 갈 수는 있지만 억지로 물을 먹일 수는 없다You can lead a horse to water, but you can't make it drink"라는 서양 속담도 있다. 갈 사람 잡겠다며 헛고생하지 말라. 퇴사하겠다면 "그래 잘 가라" 하며 손을 흔드는 게 낫다.

회사는 유토피아가 아니다. 피 터지는 전장이요, 현실이다. 신세대의 눈치나 살피며 그들이 퇴사할까 봐 전전긍긍하면서 어떻게 치열한 글로벌 경쟁에서 지속 가능한 경영이 가능할 수 있을까?

퇴사하겠다고? 그래 잘 가라. 절이 싫으면 중이 떠나는 것. 말리지 않으면 오히려 주저앉을지 모른다. 그게 인간의 심리다.

사람은 많고 할 일은 없다

"세계는 넓고 할 일은 많다."

어디서 많이 들어본 말일 것이다. 신세대는 거의 기억하지 못하겠지만 나이 든 기성세대에게는 저 '어록'과 더불어 깊이 뇌리에 박혀 있는 사람이 있다. 몇 년 전 세상을 떠난 김우중 전 대우그룹 회장이다.

저 말은 30세의 젊은 나이에 대우를 창업하고(1967년), 회사를 초고속으로 성장시켜 '대우 신화'라는 신조어와 함께 샐러리맨들의 우상으로 떠올랐던 그가 이 땅의 청년들에게 큰 꿈과 도전정신을 가지라며 펴냈던 책의 제목이기도 하다 (1989년 첫 책이 발간됐고 김우중 전 회장이 세상을 떠나기 한 해 전인 2018년에 개정판으로 다시 나왔다. 30년의 세월이 흘렀지만 젊은 청춘들에게 유언처럼 그 메시지를 던지고 싶었던 것은 아닐까?).

"세계는 넓고 할 일은 많다"는 '세상은 넓고 할 일은 많다'는 식으로 조금씩 표현이 달라졌지만, 우물 안 개구리처럼 좁은 대한민국에만 초점을 맞추는 젊은이들에게 전하는 경고와 격려의 말이다. 생각을 좀 더 크게 하고 넓게 세상을 보면 생각지도 못한 수많은 일거리가 있다는 희망의 메시지다.

그렇다. 세상은 넓고 할 일은 많다. 그러나 잊지 마라. 신세대가 좁은 시야에 함몰돼 찌질이처럼 사고하고 쪼다처럼 작은 것에 매달리며, 별것 아닌 것에 시비를 걸고, 조금의 고난도 참지 못하고 걸핏하면 사표를 내던지고, 이유 없이 반항하며 삐딱하다면 이렇게 말해주고 싶다.

"사람은 많고 할 일은 없다"라고.

그래, 사람은 많다. 당신 정도의 능력자는 흘러넘친다. 솔직히 말해보자. 당신의 능력이 출중하면 과연 얼마나 출중할까. 당신이 세상에 몇 되지 않는 능력을 갖춘 사람이라도 되는가? 아니, 그렇게 뛰어난 젊은이는 세대 갈등 따위에 신경 쓰지 않는다. 회사를 이해하고 상사와 선배를 받아들인다. 결코 삐딱하지 않다.

사람은 많고 일자리는 별로 없다. 안타깝지만 현실이다. AI(인공지능) 시대가 도래하면 할수록 할 일은 더 줄어들 것이다. 웬만한 실력으로는 설 자리가 없다. 그러니 퇴사하겠다고 협박(?)하지 마라.

당신이 떠나면 회사가 큰일 날 것 같지만, 불과 며칠 후면 당신을 까마득히 잊고 잘 굴러갈 것이다. 그러니 퇴사하겠다면 잘 가라고 손 흔들 수밖에 없다. 회사는 절대 쫄지 말고 그렇게 하면 된다. 그래야 오히려 인재가 몰리고 오래 머물 것이다.

15

발상을 바꿔
퇴사를 지원하자

"퇴사하겠다고? 그래, 잘 가라" "사람은 많고 할 일은 없다"라는 주장을 들으면 신세대들은 엄청 기분이 나쁠지 모른다. 세상 물정 모르는, 이런 꼰대가 있나 싶을 것이다. 반면 회사를 경영하는 사람들은 속이 뻥 뚫리는 쾌감을 느낄 수도 있다. 그러나 기분 나쁠 것도 쾌재를 부를 것도 없다. 이런 주장도 결국은 다 함께 잘해보자는 의도임을 알 것이다.

떠날 사람은 보내는 게 맞다. 그 사람을 위해서도 그렇고 회사를 위해서도 그렇다. 입사하자마자 퇴사를 꿈꾸는 사람,

틈만 있으면 퇴사를 소망하는 사람에게 꿈과 소망을 버리라고 설득하기보다 회사에 잘 적응할 사람, 입사하기를 갈망하는 사람을 뽑아 성장시키는 게 훨씬 실효성 있는 방안이다. 자고로 '거자불추 내자불거去者不追 來者不拒'라 했다. '가는 사람 잡지 말고 오는 사람 막지 말라'는 말이다.

한 발 더 나아가, 갈 사람은 잘 가도록 도와주는 게 좋다. 퇴사를 막을 것이 아니라 퇴사를 도와줘야한다고? 갈 사람을 잘 보내주는 회사, 언제나 잘 떠날 수 있도록 능력을 계발하고 지원해주는 회사가 돼야 한다. 그러면 거꾸로 떠나지를 않는다. 억지로 이직을 막는 것이 아니라 성장을 돕는 회사이기 때문이다.

이직 경쟁력을 키워주자

모든 회사에서 사원에게 항상 강조하는 것이 '자기 계발'이다. 그래서 여러 형태의 사원 교육 프로그램을 운영한다. 대학원 학비, 해외 유학비를 지원하기도 한다. 왜 그러는가? 회사에 붙잡아두기 위해서라면 방향을 잘못 잡았다.

이거 아시는가? 자기 계발의 단기 목표는 '재직 경쟁력'을 키우는 것이지만 궁극적인 목표는 '이직 경쟁력'을 키우는 것임을. 재직하는 동안 써먹을 능력을 키우는 것이 재직 경쟁력이라면 아무 때나 이직할 수 있고, 더 나은 회사로 옮길 수 있는 능력을 키우는 것, 그것이 이직 경쟁력이요, 은퇴 경쟁력이며 궁극적인 자기 계발이다.

그렇게 투자해서 잘 키운 사원이 정말로 회사를 일찍 떠나버리면 회사는 '닭 쫓던 개' 신세가 되는 것 아니냐고? 그러니까 단견이라는 지적을 받는다. 사원들이 자기 계발을 하면 어떤 형태로든 회사의 업무 발전과 연결된다. 이직 경쟁력을 키운다고 현재의 일에 게으름을 피울 것으로 생각하기 쉬운데 거꾸로 그런 시각으로 보는 게 싫어서라도 열심히 일한다. 그렇게 이직 경쟁력을 키워 미래가 안정적인 사람이 '지금'에도 충실할 수 있다.

세계적인 기업에서 '아웃플레이스먼트outplacement(전직 지원)' '라이프 플랜life plan(생애 설계)' 등의 이름으로 사원들이 '상시 이직 준비'를 할 수 있도록 커리어 관리와 자기 계발을 적극 지원하는 이유를 알아야 한다. 자유로운 이동이 혁신을 낳을 뿐만 아니라 퇴사자를 학교의 '동창생alumni'처럼 관리하면 그들이 회사의 잠재적 자원이 된다.

때로는 자기 계발 과정에서 맺게 된 사외의 인맥으로 회사에 기여할 수도 있다. 그는 분명히 회사에 고마움을 느낄 것이며 자부심을 가지고 충성을 다할 것이다. 설령 다른 회사로 이직하더라도 이직한 회사에서 능력을 인정받으면 이전 회사에 대한 이미지가 좋아질 뿐 아니라, 그 사원은 기회만 되면 이전 회사를 도와주는 '평생 동지' '충성 고객'으로 남는다.

그러니 있는 사람을 잘 성장시키자. 그가 삐딱하게 회사를 떠나는 게 아니라 더욱 성장하는 기회를 만들어 잘 떠날 수 있도록 도와주자. 그것이 좋은 사원을 꽉 붙잡는 길이다.

16

하마터면 열심히
살 뻔했다고?

《하마터면 열심히 살 뻔했다》는 젊은 세대에게 인기를 끈 책이요, 세상을 향해 파장을 일으킨 책이다. 신세대가 어떤 생각을 하고 있는지, 그들을 이해하는 힌트를 얻을 수도 있다. 무엇보다 제목이 마음을 확 끌지 않는가. 독자의 흥미와 시선을 끌기 위해 일부러 비틀어버린 제목인 줄 알았지만 내용도 비슷한 분위기를 풍긴다.

이런 주장에 누구보다도 신세대들이 쾌재를 부를 것 같다. 그들의 불만, 냉소, 거부의 감정을 콕 찔러주니까. 그러잖아도 부모와 상사를 비롯한 기성세대가 "노력해라" "열심히 해라" 잔소리하는 것에 신물이 나던 터라 더욱 그럴 것이다.

그렇다면 물어보자. 어떻게 살 건데? 정말이지 하마터면 열심히 살 뻔했다고 후회하는가? 그건 자유다. 열심히 안 살 수도 있다. 노력을 안 할 수도 있다. 인생에 정답은 없기에 어떤 식으로 살아야 좋은지 정해진 답은 없다. 각자 알아서 자기의 보짱대로 살면 된다. 후회하든 안 하든 온전히 자신의 몫이니까.

어떤 삶의 방식을 선호하든 목표는 거의 같다. 행복, 여유, 성공, 성취, 자아실현 따위일 것이다. 그런데 왜 많은 사람이, 특히 세상을 오래 산 탓에 세상 물정을 알 만한 사람들이 열심히 노력하기를 권할까? 기원전의 철학자부터 당신의 부모까지 말이다. 살아보니 그 방식이 옳다고 믿기 때문이 아닐까? 덜 열심히, 덜 노력한 것이 후회되기 때문일 수도 있겠다.

구미에 맞춰 거짓말을 할 수는 없다

경남 하동의 빈농貧農에서 태어난 흙수저 출신으로 야간 대학을 졸업하고 교사를 거쳐 국무총리에 오른 정홍원 씨가

114

한 신문과 인터뷰를 했다. 기자가 청춘들에게 들려줄 메시지를 권하자 "인내하면 기회가 온다. 자신을 믿고 최선을 다하면 결과가 주어진다"라고 답했다. 이를테면 노력하며 열심히 살아야 꿈을 이룬다는 말이다. 그 말에 기자가 물었다. 최선을 다하라는 말, 노력하라는 말에 지금의 청춘들이 공감하겠냐고. 그의 대답이 인상적이다.

"어려운 환경을 이겨내려면 항상 노력할 수밖에 없다. 다른 거짓말은 할 수가 없다(〈조선일보〉 2019. 2. 23, "그래도… 결국은 노력이다")."

"그래도… 결국은 노력이다."

"다른 거짓말은 할 수가 없다."

이 말이 머릿속을 파고든다. 그렇다. 세상을 살아본 원로로서 청춘들의 구미에 딱 맞도록 "하마터면 열심히 살 뻔했다"라는 투로 말할 수는 없다. "살아보니 노력은 말짱 황이고 수단과 방법을 가리지 않는 게 장땡"이라고 말할 수는 없다.

성공의 공식이든 행복의 요령이든 원리는 같다. 동서고금이 마찬가지다. 세상이 변했다지만 세상살이의 원리, 직장 생활의 원칙은 변하지 않았다. 신세대가 아무리 '노오력'이라고 비아냥거려도 세상의 이치는 아직 그대로다. 바뀌지 않았다.

성취를 가지려면 그만한 노력을 해야 하는 것은 당연하다. 열심히 살아야 하는 것은 진리다.

강형욱 씨는 반려동물을 키우는 사람들에게 인기다. '개통령'으로 불릴 정도다. 개(강아지) 업계에서는 대통령이라는 의미다. 반려동물 행동 전문가라는 독특한 직업을 만들어낸 그는 1985년생이다. MZ세대에 속한다. 그가 2019년 3월 24일 SBS 〈집사부일체〉에 출연해 털어놓은 사연을 듣고 깜짝 놀랐다. 개똥을 먹었다고 해서다. 개의 똥을 먹었다고?

어렸을 때부터 개를 좋아했던 그는 반려동물 훈련사가 되고 싶었다. 뭘 어떻게 해야 좋은 훈련사가 될지 고민했다고 한다. 그러려면 탁월한 실력을 쌓아야 하고, 그러기 위해서는 개의 모든 것을 알아야 한다는 결론에 도달한다. 이건 상식이다.

꿈을 이루기 위한 열정이 넘쳤던 강형욱 씨는 실력을 쌓기 위해 남들이 하지 않은 것에 무엇이 있을지 깊이 탐색하다가, TV에서 어떤 사람이 인분을 먹으면서 건강을 체크하는 것을 보고 영감을 얻었다. 그는 강아지의 똥을 맛보기로 결정했다.

똥의 맛이 강아지의 컨디션과 어떤 상관관계가 있는지를 분석하기 위함이다. 한 달 동안 매일 변을 맛본 것이 80여 마리에 이른다. 결국 탈이 나서 한 달간 끙끙 앓았다고 한다. 결론은 "맛이 똑같다"는 것이었지만 여기서 핵심은 강아지의 똥 맛이 아니다. 그의 열정과 노력이다. 개통령이 그냥 된 게 아니다.

결론은 노력이다. 열심히 해야 한다. 당신이나 나나, 아직 똥 맛을 못 봤으니 갈 길이 먼 것 같다.

세상이 변해도 원리는 변하지 않는다

프로게이머 이상혁은 1996년생이니까 요즘 신세대의 대명사처럼 회자되는 MZ세대 중에서도 어린 나이다. '페이커'라는 게임 닉네임으로 우리 신세대는 물론이고 세계적으로 유명한 선수다.

누적 상금이 전 세계 E스포츠(롤 부문) 1위요, 국내 프로 스포츠 선수 중에서도 가장 연봉이 높다. 해외 언론에서 그를 축구선수 리오넬 메시나 미국의 전설적 농구 선수 마이클 조던에 비교할 정도니 그 수준을 알 만하다. 어쩌면 신세대의 선망의 대상이요, 꿈이요, 롤모델일 수도 있다.

기자가 그와 인터뷰를 하면서 "염색, 문신도 하지 않은

'모범생' 이미지"라고 말했을 때 그는 자신이 실천하고 있는 세상살이 원칙을 이렇게 말했다.

"스스로 '겸손해야 한다, 정직해야 한다, 친절하게 대한다, 험한 말을 하지 않는다' 등의 원칙이 있다(〈조선일보〉 2019. 6. 29, "서울대 의대 입학보다 프로게이머 되기 더 어려워")."

겸손, 정직, 친절. 어디서 자주 들어본 말 같지 않은가? 자기 계발서를 읽는 것 같지 않은가? 바로 기성세대, 꼰대들의 잔소리 아니던가?

그렇다. 세상이 변하고 세대가 달라도 성공의 원리, 자기 성취의 이치, 처세의 공식은 변하지 않았다. 세상살이의 이치는 복잡하지 않다. 평범하고 원칙적이고 상식적이다. 마치 부모의 밥상머리 잔소리처럼, 꼰대의 잔소리처럼.

결론은 그것을 어떻게 보고, 어떻게 듣고, 어떻게 받아들이냐에 있다. 그것은 온전히 보는 사람, 듣는 사람, 즉 당신의 몫이다.

17

신세대의 특성,
먼저 너 자신을 알라

많은 책과 전문가가 신세대를 이해하라고 강조한다. 그들의 성향이 어떤지, 그런 성향을 가지게 된 배경이 무엇인지 쭉 나열하고는 "그러니까, 그런 점을 이해해야" 된단다. 그래야 소통이 되고 함께할 수 있단다. 신세대 역시 기성세대를 향해 같은 요구를 한다. 우리를 이해해달라고. 왜 어른들은 신세대를 잘 모르냐고.

틀린 말은 아니다. 좋은 말이다. 그러나 그보다 더 중요한 것이 있다. 기성세대가 신세대의 특성을 이해하는 것 이상으로 신세대 스스로 자신의 성향이 어떤지를 분명히 아는 것이 중요하다. 그래야 어떻게 처신해야 할지 답이 나온다.

신세대의 성향이나 특성 중에서 장점은 몰라도 된다. 핵심은 단점과 약점, 문제점이다. 그것을 확실히 인식해야 기성세대를 깔아뭉개기 전에 스스로 자세를 낮출 수 있다. 뻬딱하기 전에 겸손해진다. 세상은 당연히 그런 신세대를 선호할 것이다.

신세대로서 자신에게 어떤 문제가 있는지 곰곰이 돌아보자. 종이에 꼼꼼히 나열하며 실상을 파악할 필요도 있다. 자신의 언행이 어떤 바탕에서 비롯되는 것인지 알아보는 것도 재미있겠다.

성장배경을 알면 성격이 보인다

그중 하나로 혹시 외둥이로 성장한 것이 아닌지 체크해보자. 그렇다면 집단이 함께하는 조직 생활에 장애가 발생할 수 있기 때문이다.

핵가족화가 된지 오래고, 결혼을 하더라도 출산을 기피하거나 외동으로 끝내는 경우가 많다. 예전에는 "아들 딸 구별 말고 둘만 낳아 잘 기르자"가 출산 및 인구정책의 구호였다. 둘만 낳으라고 할 만큼 형제가 많았다. 지금처럼 '다둥이'가 유별난 가족이 아니었다. 보통 집안의 풍경이었다. 나도 네 형제가 단칸방에서 함께 부딪히며 성장했다.

그런데 지금의 신세대는 어떻게 성장하는가. 신세대인 자신이 어떻게 성장했는지를 돌아보면 그것이 답이다(물론 기성세대보다 어려운 여건에서 치열하게 성장한 사람도 많다. 그러나 '세대'라는 큰 구분으로 따져보자).

거의 외둥이로 자랐다. 설령 2자녀라 하더라도 상황은 마찬가지다(우리나라 가정은 2017년 기준, 2자녀 이내의 가구가 90%에 이른다. 그러니 지금은 더할 것이다). 외둥이처럼 키워졌다. 옥이야 금이야, 애지중지 키웠다. 그런 분위기에서 자랐다.

외둥이가 좋으냐 나쁘냐를 말하려는 게 아니다. 문제의 핵심은 어떻게 키웠고 어떻게 자랐느냐다. 한 아이든 두 아이든 사랑을 듬뿍 받으며 외둥이처럼 자란 사람이 지금의 신세대다. 여러 형제와 다퉈가며, 가정에서는 부모에게, 학교에서는 선생님에게 혼쭐이 나면서 자란 기성세대와 기질과 의식이 다를 것임은 충분히 상상할 수 있다. 화초를 키우듯 애지중지, 불면 꺼질세라, 과보호와 지나친 사랑으로 자란 신세대가 조직에서 어떻게 사람을 대하고 세상을 대할지는 안 봐도 비디오다.

외둥이로 자랐거나 외둥이를 키우는 부모들은 이런 주장에 펄쩍 뛸 것이다. 섭섭해하지 마시라. 실상을 알아야 성공의 길이 보인다.

외둥이로 자란 사람은 과연 어떤 특성을 가질까? 이에 대한 주장은 당연히 엇갈리는데 긍정적이거나 강점에 관한 것은 논외로 하고 일단 부정적인 시각을 보자. 심리학자 유진 버해넌Eugene Bohannon은 부모의 관심을 독차지하고 자란 외둥아이는 지나치게 예민하고 남을 배려할 줄 모른다고 했다. 미국의 어린이 심리학자 그랜빌 스탠리 홀Granville Stanley Hall은 외둥아이는 "질병 자체"라고 말했다. 질병이라고? 이거 폭탄 선언이다.

과잉보호로 자란 세대의 특징

외동 자녀의 특성이 어떤지를 실증적으로 보여주는 사례가 있다. 잘 아는 바와 같이 중국은 한때 1가구 1자녀 정책을 독하게 추진했다. 그래서 거의 모든 집이 1자녀를 낳았고 이것이 남아선호의 풍조와 합세하면서 남자아이를 옥이야 금이야 키웠다. 오죽하면 '소황제'라는 신조어가 탄생했겠는가. 이렇게 소황제로 자란 아이는 어떻게 될까? 결국 이기적이고 경쟁력을 가질 수 없다고 호주의 모나시Monash대에서 연구 결과를 발표했다(연합뉴스, 2019. 1. 27).

그들은 자존감이 높다는 장점이 있지만 그것을 뒤집으면 유아독존과 독선의 안하무인이 될 가능성 또한 높아짐을 의미한다. 그뿐이 아니다. 그렇게 성장했으니 직장에서 상사의 가벼운 꾸지람에도 반발하거나 크게 상처를 입어 낙담한다. 맷집이 약하고 쉽게 깨지는 유리 멘털이 되기 십상이다.

이런 연구에 대해 반론을 제기하는 사람도 있다. 절대 그렇지 않다며 연구 결과를 들이민다. 외동아이에 대한 부정적인 이미지는 전혀 근거가 없다고 말한다. 외둥이는 부모의 사랑을 독점하기 때문에 형제가 있는 아이에 비해 사랑을 받고 있다는 자기 확신을 가진다. 그래서 세상을 보다 긍정적으로 보고 어려움과 고통을 이겨내는 회복력도 강하다고 한다.

원래 학문이나 주장이 그렇다. 한쪽에서 '갑'을 주장하면 다른 한쪽에서는 그 반대의 '을'을 내세우기 마련이다. 갑론

을박하는 것이다.

그러나 냉정히 실상을 돌아보자. 학자들의 책상머리 이론보다 더 확실한 것은 우리 주위, 현실이다. 외동아이는 형제가 있는 아이에 비해 의존적이고 자기중심적인 성향이 강할 수밖에 없다. 특히 선진국에서의 외둥이와 우리 한국에서의 외둥이는 다르다.

우리 기성세대의 자식 사랑은 유별나다. 지나치다. 주변의 어른이, 그리고 학교에서 선생님이 꾸중을 했다고 부모가 역성을 들며 싸움판이 벌어지는 경우도 많다. 자신이 어렵게 자란 것에 대한 반작용 아닌지 모르겠다. 결국 과보호로 인해 사회성이 약해졌다는 견해는 거의 상식이다. 여러 형제 사이에서 '관계'를 경험하지 못하고 부모의 애정과 관심이 집중됐기에 자연스럽게 과잉보호를 받는다. 그러니 사회생활에서 어떤 성향을 가질지는 당신 스스로 판단하면 좋겠다.

신세대를 이해하라고 요구하기에 앞서 자신의 특성을 먼저 알아야 한다. 기성세대가 신세대를 이해한다고 문제가 해결되는 것은 아니다. 아무리 이해해도 사회에서 상하·동료 간에 관계 설정을 잘못하고, 참을 줄 모르며, 사회 적응이 원활하지 못해 결국 인생의 실패로 귀결될지 모르는 문제의 근원은 그대로 남는다.

자신을 바르게 이해해야 해결책이 나온다. 이해理解에는
2가지 의미가 있다. 하나는 사물의 본질과 내용 따위를 정확
히 '안다'는 의미이고, 또 하나는 사정과 상황을 너그럽게 받
아들여 '용인한다'는 의미다. 당연히 여기서는 전자를 의미한
다. 당신 스스로를 용인할 것이 아니라 정확히 알아야 한다는
말이다.

18

꼰대와 빤대,
회사는 누구를 더 좋아할까?

내가 집필한 《신입사원의 조건》 덕분에 여러 기업에서 신입사원을 대상으로 강의할 기회가 있었다. 그때마다 나는 이렇게 말했다.

"여기 서 있는 강사와 여러분을 한번 비교해보자. 나는 이미 오래전에 퇴직한 기성세대고, 여러분은 이제 회사 생활을 시작한 신세대다. 자, 그러면 지금부터 내가 던지는 질문에 나와 여러분 중 어느 쪽이 더 나은지, 경쟁력이 있는지 마음속으로 즉각 대답해보라.

사회적 지위나 경력부터 따져보자. 물을 것도 없이 내가 나을 것이다. 경제력은? 부모의 재산을 고려하지 않는다면 그 또한 내가 여러분보다 낫다고 본다. 학위는? 나는 박사니까 적어도 여러분보다 못하지 않을 것이다. 인맥은? 내가 세상을 훨씬 더 살았으니 그 역시 내가 나을 것이다. 그러나 여러분, 나는 사회적 지위, 경력, 학위, 경제력, 인맥을 다 포기하더라도 여러분이 가지고 있는 것을 원한다. 그것이 뭘까? 바로 젊음이다."

이렇게 말하는 이유는 신입사원에게 젊음은 그 무엇과도 바꿀 수 없는 최고의 강점이요, 경쟁력임을 강조하기 위해서다. 그들의 사기를 북돋우기 위해서다. 열정을 갖고 도전하라는 격려다.

그렇다면 이 책을 읽는 신세대 독자에게도 비슷한 질문을 던져보고 싶다. 앞에서 질문한 것을 포함해 항목을 더 늘렸다. 지금 회사에서 함께 근무하고 있는 상사나 선배, 기성세대와 당신을 비교하면서 어느 쪽이 더 우세한지 다음 항목을 하나씩 체크해보자.

- 나이

- 지위

- 경험, 경륜

- 실무 지식

- 경제력(경제적 안정)

- 인맥(사내 인맥, 사외 인맥)

- 대외 교섭력(영업력)

- 회사를 위한 양보(희생, 충성심)

- 상황에 대한 융통성(임기응변의 유연성)

- 사람과 회사, 세상에 대한 이해

- 창의성

- 열정

- 사고의 유연성

- 글로벌 경쟁력(어학 및 디지털)

아마도 어떤 것은 기성세대가 낫고 어떤 것은 신세대가 나을 것이다. 기성세대냐 신세대냐가 아니라 사람에 따라 다르기도 할 것이다. 예컨대 창의성이나 열정, 사고의 유연성은 신세대가 우세할 것 같지만 그렇지도 않다. 창의성은 일과 회사에 대한 충성심에서 나올 수도 있고, 열정도 신세대가 따라

가지 못할 기성세대도 많다. 사고의 유연성 운운하지만 꼰대보다 훨씬 옹고집인 신세대도 적지 않다.

회사의 입장에서 생각해보자

자, 체크하셨는가? 이제 본론으로 들어간다. 이번에는 당신의 입장에서 체크하지 말고 회사의 입장에서 다시 한 번 체크해보자. 회사의 입장에서 보면 기성세대와 신세대 중 어느 쪽에 점수를 더 줄 것인가. 이 역시 사람마다 다르다는 답이 나올 것이다. 헷갈리기도 하겠다.

그렇다면 질문을 바꿔 단순하게 묻겠다. 회사의 입장, 경영자의 안목에서 볼 때 '꼰대'와 '빤대' 중 어느 쪽을 선호할 것 같은가? 어느 쪽이 회사에 도움이 될 것이라고 보는가?

신세대가 비판하는 꼰대질이란 부하를 가르치려 하고, 미주알고주알 참견하고, 줄기차게 잔소리하며, 야근을 당연시하고, 휴일이나 휴가 중에도 업무 관련 메시지를 보내며, 사생활을 희생하고 일과 회사밖에 모르는… 그런 것이다. 그런데 회사의 입장에서 그게 나쁜 걸까?

반대로, 회사야 어찌 되든 사생활을 우선으로 챙기며, 위아래 서열 의식도 없고, 이유 없는 반항과 삐딱함, 퇴근 후에 상사로부터 오는 카톡은 열어보지도 않고, 조금도 손해 보려 하지 않고 자신의 이익만 챙기고, 툭하면 회사를 떠날 생각을 하는 빤대를 회사가 좋아할까?

신세대의 눈에는 기성세대가 시들 대로 시든 노인네, 고집불통, 마이동풍의 고루한 주름진 사람, 희망이 별로 보이지 않는 사람, 머잖아 퇴출될 사람으로 보일지 모르지만 회사의 시각에서는 전혀 다르다는 점도 알아야 한다.

결론을 내리자. 신세대보다 기성세대가 더 낫다는 말이 아니다. 아무리 디지털 능력이 뛰어나고, 글로벌 역량이 있고, 젊은 신세대라도 회사를 위한 진정한 열정과 창의성, 그리고 충성심이 없다면 별 볼 일 없다는 이야기다.

내가 강의에서 신입사원에게 말했듯이 기성세대의 모든 걸 상쇄하고도 남을 젊음의 가치가 없다면 그는 확실히 기성세대만 못한 사람이다. 꼰대보다도 못한 빤대일 뿐이요, 꼰대보다 먼저 사라져야 할 퇴출 대상이다.

[젊다는 것은, 이래야 신세대]

●

- 젊다는 것은 용기가 있다는 것

- 젊다는 것은 도전한다는 것

- 젊다는 것은 꿈이 크다는 것

- 젊다는 것은 왕성한 의욕이 있다는 것

- 젊다는 것은 긍정한다는 것

- 젊다는 것은 사고가 유연한 것

- 젊다는 것은 더 큰 내일을 위해 오늘은 참을 수 있다는 것

- 젊다는 것은 밝고 명랑하다는 것

- 젊다는 것은 고생을 사서도 할 수 있다는 것

- 젊다는 것은 정의롭다는 것

- 젊다는 것은 양보할 줄 안다는 것
- 젊다는 것은 기회가 많다는 것
- 젊다는 것은 어떤 일이든 할 수 있다는 것
- 젊다는 것은 고난을 이겨낼 수 있다는 것
- 젊다는 것은 희생할 줄 안다는 것
- 젊다는 것은 일을 피하지 않는다는 것
- 젊다는 것은 상처받지 않는다는 것
- 젊다는 것은 두려움을 모르고 멘털이 강하다는 것
- 젊다는 것은 언행을 깔끔하게 한다는 것
- 젊다는 것은 회복탄력성이 크다는 것

19

당신은 신세대인가
빤대인가?

    회사 입장에서 본 기성세대와 신세대를 비교해보았다. 기성세대와 비교하는 것은 그 자체에 목적이 있는 게 아니라 신세대의 성공을 바라기 때문이다. 어려운 상황을 헤쳐나가기 위해 밤낮으로 머리 쓰는 경영자의 입장에서 한 번쯤 신세대를 돌아보자는 것이다.

    나는 직장인에게 강의할 때 이런 말을 즐겨한다. 'CEO의 잠 못 이루는 밤'을 상상해보라고. 이해해야 한다고. 이 말은 1990년대 초에 유명했던 미국 영화 〈시애틀의 잠 못 이루는 밤Sleepless in Seattle〉을 흉내 낸 말이다. 영화에서 주인공은 사랑하는 연인을 그리워하며 설레는 마음으로 잠 못 이루지만 회사 경영자는 시시각각 조여오는 위기감과 불안함으로 잠을 이루지 못한다.

사원들은 CEO의 잠 못 이루는 밤을 얼마나 이해할 수 있을까. CEO를 모든 걸 제멋대로 하며 마음 편히 코를 골며 단잠을 자는 꼰대의 왕초 정도로 생각하는 것은 아닐까. 아니 CEO까지 거슬러 올라갈 필요도 없다. 직원이 몇 명 되지 않는 지점장이나 팀장만 돼도 그놈의 실적과 평가 때문에, 그리고 무거운 책임감 때문에 얼마나 많은 날을 잠 못 이루는지 아는가?

"경영자 정신, CEO 정신, 주인 정신으로 일하라" 하면 신세대로부터 대뜸 나오는 반응이 "경영자(CEO, 주인) 자리를 줘봐라. 그러면 그렇게 일하겠다"라는 비아냥이다. 그것이 바로 하인 정신, 아니 나그네 정신이요, 손님 정신이다. 잠시 머무르다 떠나는 사람의 의식이란 말이다. 그러니 애정이 없고 삐딱할 수밖에 없다. 바로 '빤대 기질' 그것이다.

빤대의 특징 5가지

그러면 빤대 기질에 대해 좀 더 상세히 알아보자. 어떤 사람이 빤대인가? 여러 요인과 증상이 있지만 다음 5가지로 크게 분류할 수 있겠다. 참, 다시 상기할 것이 있다. 이미 밝힌 바 있듯 빤대란 신세대를 대상으로 하는 개념이지만 꼭 나이와 관계있는 것은 아니다. 50대라도 다음과 같은 증세가 있다면 나이는 꼰대지만 철이 덜 든 빤대라 할 수 있다.

첫째 특징은 빤질거린다는 것이다. 즉, 자기의 맡은 바 책무를 다하지도 못하면서 미꾸라지처럼 빠져나가며 때로는 뻔뻔하기조차 한 것이다. 말은 번지르르하고 그럴듯하게 하지만 행동과 실천은 딴판이다. 조금도 손해를 보려 하지 않기에 야근은 물론 회식 자리조차 함께 어울리지 않고 물 위의 기름처럼 겉돈다.

둘째 특징은 괜히 삐딱하고 반항적이다. 사춘기가 지난지도 오래건만 이유 없이 반항적이다. 상사, 선배라면 알레르기 반응을 일으키고 시건방지다. 별 볼 일 없는 존재면서도 자기가 제일인 줄 안다. 상사의 지시가 조금만 성에 안 차도 투덜거리고 뒷담화를 즐긴다. 사사건건 자기주장을 강하게 펼친다. 상사의 지시와 의견에 항상 토를 달고 반대 의견을 말하기 좋아한다.

셋째 특징은 서열 무시, 상사 무시, 기존 질서 무시다. 그것을 평등과 정의라고 믿는다. 또한 그것이 신세대적 사고방식이라 확신한다. 그러기에 알지도 못하면서 배우려 하지 않고 가르치려는 상사나 선배를 꼰대라고 몰아붙인다. 나이는 숫자에 불과하다는 것을 잘못 이해해 나이를 무시한다. 한마디로 무례하고 버르장머리가 없다.

넷째 특징은 개인 중심의 사고와 행동을 한다. 개인주의가 나쁜 것은 아니다. 그러나 그것이 지나쳐 오직 자기중심적으로 사고하고 행동한다면 신세대를 가장한 빤대다. 회사나 팀의 형편은 아랑곳없이 자신의 처지와 이익만 주장한다면 회사로서는 그를 아낄 이유가 없다. 충성도는 낮을 수밖에 없고 희생이니 헌신이니 하는 말은 헌신짝 취급을 한다.

다섯째 특징은 '의리가 밥 먹여주나'라는 생각을 한다. 작은 이해관계에 예민하게 반응하고 행동한다. 관계의 중요성

도 무시하고 아무 때고 배신할 수 있다. 회사를 떠나는 것은 시간문제다

자, 이상의 5가지 관점에서 평가해본다면 당신은 신세대인가 아니면 빤대인가. 앞장에서 다룬 '젊다는 것은, 이래야 신세대'와 다음의 내용을 참고하고 비교하면서 자신을 냉정히 평가하고 판단해보자.

[이러면 빤대 증후군]

●

- 무조건 권위를 인정하지 않는다.

- 이유 없이 기성세대에게 반감을 갖는다.

- 늘 삐딱하고 반항적이다.

- 원칙, 공정, 정의, 평등을 말하지만 자신은 그다지 원칙을 지키지도
  공정하거나 정의롭지도 못하다.

- 상사, 선배에 대한 험담이 익숙하다.

- 자기 몫도 못 하면서 심판관 노릇을 한다.

- 위아래를 가리지 못하고 버르장머리 없게 군다.

- 회사의 형편과 상황은 관계없이 칼출근·칼퇴근한다.

- 회사 일과 개인사 중 볼 것 없이 개인사가 먼저다.

- 회사가 어렵다면 무조건 떠나겠다.

- 월급만 더 준다면 볼 것 없이 퇴사한다.

- 알아서 하겠다지만 실제는 어설프기 짝이 없다.

- 퇴근 후 카톡이나 문자메시지는 절대 열어보지 않는다.

- 퇴근 후는 완전 내 세상이다. 연락하지 마!

- 의리가 어디 있냐? 의리가 밥 먹여주냐.

- 부모 의존적이다. 정신적으로 자립하지 못한다.

20

"나이는 숫자에 불과하다."
그 깊은 뜻

"나이는 숫자에 불과하다."

2000년대 초반 이동통신업체 KTF(나중에 KT로 합병됐다)의 광고 카피다. 당시에는 단순한 광고가 아니라 IMF로 인한 구조조정으로 일터에서 쫓겨난 40~50대의 중장년층에게 용기를 주는 안성맞춤인 구호였다. 그래서 폭발적인 인기가 있었다(이 카피는 유명한 광고인 박웅현 씨의 작품인데 그는 '넥타이와 청바지는 평등하다' '차이는 인정한다. 차별엔 도전한다'라는 카피를 연속 상장시킴으로써 세대 문제를 광고에 절묘하게 접목했다).

이 구호는 20여 년의 세월이 지난 지금도 그 인기와 효용이 계속되고 있다. 고령화가 진행되고 100세 시대를 구가하면서 오히려 더 많이 회자되는 유행어가 됐다. 이 말이 어디서 비롯된 것인지를 모르는 신세대는 오래전부터 내려오는 속담처럼 이해할지도 모른다. 아마 고령화사회를 넘어 초고령사회로 변할수록 더욱더 우리의 입에 오르내릴 것이다.

"나이는 숫자에 불과하다."

누가 이 말을 주로 사용하는가? 말할 것도 없이 기성세대, 나이 든 사람들이다. 이 말을 통해 자신이 나이 먹은 것을 스스로 위로하며, 남들에게는 자신의 능력이 죽지 않았음을 내세우는 근거로 활용한다. 비록 나이는 들었지만 젊은이와 다를 바 없다는 의미로 말한다. 나이 든 사람을 대변하는 캐치프레이즈로 여긴다. 이것이 이 말이 갖는 첫 번째 의미다.

그러나 젊은이들은 이 말을 다르게 해석한다. 즉, 나이가 뭐 대수냐? 그래서 어쩌라고? 그런 의미에서 나이는 숫자에 불과하다. 이는 기성세대를 공격하는 버르장머리 없는 캐치프레이즈가 된다. 남녀평등, 아니 노소평등의 근거가 된다. '야자 타임'의 바탕이라 할 수도 있다. 이것이 두 번째 의미다. 박웅현 씨도 이렇게 될 줄은 예상하지 못했을 것이다.

"나이는 숫자…"에 담긴 3가지 의미

"나이는 숫자에 불과하다."

이 말을 조금 더 깊이 음미해보자. 발상을 바꿔서 되뇌어보자. 나이가 적은 젊은이에게 대입해보자. 그러면 또 다른 의미를 발견할 수 있다. 세 번째 의미가 되겠다. 젊다고 해서 크게 내세우거나 자랑할 것도 없다는 풀이가 가능하다. 말 그대로 나이는 숫자에 불과하니까.

사무엘 울만Samuel Ullman은 나이는 숫자에 불과하다는 것을 시로 표현했다. 그는 〈청춘〉이라는 시를 통해 이렇게 말했다.

청춘이란 인생의 어떤 한 시기가 아니라
마음가짐이다.
청춘이란 두려움을 물리치는 용기, 모험심,
탁월한 정신력을 뜻한다.
때로는 스무 살 청년보다 예순 살 노인이 더 청춘일 수 있다.
누구나 세월만으로 늙어가지 않고
이상을 잃어버릴 때 늙어간다.

유대인으로 독일에서 태어나 미국에서 살았던 울만은 원

래는 시인이 아니었다. 점원, 외판원, 시의원 등을 지냈고 젊은 날에는 미국의 남북전쟁에도 참가했던 사람이다. 그가 78세에 썼다는 이 글이 유명하게 된 것은 20여 년 후, 엉뚱하게도 맥아더 장군에 의해서다(맥아더 장군은 울만보다 정확히 40년 늦게 태어났으며, 84세의 같은 나이에 세상을 떠났다).

종군기자 프레드릭 팔머가 필리핀 마닐라에 주둔하고 있던 미국 극동군 총사령관 맥아더(그때 그의 나이는 60세가 넘었고 인천상륙작전을 감행했을 때는 70세였다)를 방문해 이야기를 나누던 중 우연히 책상 위의 액자 속에 있던 〈청춘Youth〉라는 시를 본 것이다. 그가 이 시를 1945년 12월 호 〈리더스 다이제스트〉에 '어떻게 젊게 살 것인가How to stay young'라는 기사로 소개함으로써 크게 알려졌다.

아마도 78세의 울만이나 60대의 맥아더나 나이 듦을 스스로 경계하고 위안 삼기 위해 그런 시를 쓰고 또 가까이 했으리라 짐작된다(그 당시 78세나 60대면 상당한 고령자다).

그러나 이 시를 조금 다른 시각에서 음미해보면 '나이는 숫자에 불과하다'의 세 번째 의미와 맞닿는 것을 알게 된다. 즉, 젊은이에게도 '나이는 숫자에 불과하니 제대로 살라'는 경고의 메시지가 된다.

박웅현 씨의 '나이는 숫자에 불과하다'든, 사무엘 울만의 〈청춘〉이든, 신세대에게 주는 색다른 메시지의 뜻을 마음에 새기기를 권한다. 아무리 신세대 젊은이라도 젊은이답지 못하면 그 나이는 단지 숫자에 불과하다. 나잇값을 못 하는 신세대다.

사무엘 울만이 시의 나머지 부분에서 읊었듯이 신세대 당신에게 두려움을 물리치는 용기, 모험심, 탁월한 정신력이 있는지, 그리고 이상을 잃지 않으며 사람들이나 신으로부터 아름다움과 희망, 기쁨, 용기, 힘의 영감을 받고 있는지 돌아보자. 그러지 못하다면 당신은 나이는 젊었으되 예순 살보다 더 늙은 꼰대다.

제 3부

꼰대 바로 알기
나이는 숫자에 불과한가?

꼰대가 따로 있는 게 아니다. 괴물은 더욱 아니다. '굼벵이도 구르는 재주가 있다'라고 했다. 누구나 장점이 있고 나름의 노하우가 있기 마련이다. 상사나 선배가 가지고 있는 장점을 어떻게 생각하고 어떻게 받아들이냐에 따라 달라진다. 대접하기 나름이다.

―――――――

나이는 단순한 숫자가 아니라 세월의 쌓임, 경험의 축적이다. 그건 젊은 신세대가 범접할 수 없는 나이의 무게요, 가치다. 기성세대는 나이의 함축, 세월의 무게, 경험의 가치를 자신해도 좋다. "너 늙어봤냐? 나 젊어봤다"는 자신감을 가진다면 오히려 "나이는 숫자에 불과한 게 아냐"라고 당당히 말해야 한다.

21

나이 듦의 가치에 대해, 숫자, 그 이상의 의미

　나이 든 기성세대는 뻑하면 "나이는 숫자에 불과하다"라고 말한다. 스스로를 위로하는 말이겠지만 어쩌면 자격지심의 표현일지도 모른다. 나이 든 것이 왠지 꿀리기 때문일 것이다. 그래서 나이 든 기성세대에게 권하고 싶다. 나이는 숫자에 불과하다고 말하지 말라고. 왜냐고? 나이는 숫자에 불과한 것이 아니기 때문이다. 숫자 그 이상의 큰 의미가 있다.

　나이는 세월이다. 그것은 곧 경험을 의미한다. 따라서 나이는 단순한 숫자가 아니라 세월의 쌓임, 경험의 축적이다.

그건 젊은 신세대가 범접할 수 없는 나이의 무게요, 가치다. 기성세대는 나이의 함축, 세월의 무게, 경험의 가치를 자신해도 좋다. "너 늙어봤냐? 나 젊어봤다"는 자신감을 가진다면 오히려 "나이는 숫자에 불과한 게 아냐"라고 당당히 말해야 한다.

"노인 한 사람이 죽는 것은 도서관 하나가 불타 없어지는 것과 같다."

아프리카의 지성이라 불린 아마두 함파테 바는 유네스코 연설에서 아프리카의 속담으로 알려진 이 말을 인용했다. 이런 지혜로운 속담이 아프리카에 존재하는 이유는 충분하다. 문명이 발달하지 않았던 그곳에서는 거의 모든 역사와 정보가 문자가 아닌 말로, 그리고 기억으로 전해져왔으니 그럴 수밖에 없다. 그러기에 마을에서 노인 한 사람이 죽는 것은 귀중한 '정보통'이 사라지는 것이며, 조금 뻥튀기를 하면 도서관 하나가 없어지는 것과 같은 것이다.

아마두 함파테 바의 말은 우리에게 인기 있는 프랑스 작가 베르나르 베르베르의 단편 모음집 《나무》(이세욱 옮김, 열린책들, 2013) 중 〈황혼의 반란〉에도 소개된다. 그 단편에서는 초고령사회가 된 프랑스에서 일어나는 노인 배척 운동이 묘

사되는데 요즘의 우리나라를 보는 듯하다. 전문가라는 사람들이 TV에 나와서 "사회보장 적자는 노인들 때문"이라고 외치는 등 나이 든 사람 때문에 청춘들이 큰 피해를 입는 것처럼 떠든다. 그 바람에 기성세대에 대한 젊은이들의 반감이 커지고 베르나르는 노인을 도서관에 비유하며 그 가치를 긍정하자는 주장을 편 것이다.

나이 든 사람을 보는 법

나이 든 이들이 "옛날에는 말이야…" "내가 신입사원 때는…"이라고 말을 꺼내면 젊은이들은 대뜸 '꼰대'라며 눈살을 찌푸린다. "나 때는 말이야…"를 콩글리시 영어로 풍자해 "Latte is horse(라테는 말이야)"라며 빈정거린다. 그러나 그 말은 세월을 통해 쌓인 경험과 나이 듦으로 얻은 지혜를 풀어놓는 실마리의 언사다. 그렇게 말할 수 있다는 것은 귀한 것이다. 성공이든 실패든 경험이 있다는 것이요, 남에게 전해줄 나름의 역사가 있다는 것이다. 그것은 곧 지혜다. 그렇게 말할 수 없는 사람이야말로 인생을 헛산 기성세대다.

젊은이는 이렇게 반박할 것이다. "지혜는 무슨 지혜? 말도

안 되는 잡소리인 걸." 그러나 그들의 말을 잘 들어보라. 말재
주를 보지 말고 그들이 말하고자 하는 속내를 들을 수 있어
야 한다. 지혜로 만드느냐 아니냐는 듣는 이에게 달려 있다.
지혜를 얻기 위해 고전을 읽으라지만 때로는 고전보다 선배
의 경험담이 훨씬 더 실용적이고 유용하다.

공자는 "옛것을 익혀 새것을 안다溫故知新"라며 고전을 읽
어야 할 이유를 압축해줬고, 맹자는 "책을 읽으면 옛사람들과
도 벗이 될 수 있다讀書尙友"라며 역시 공자의 손을 들어줬다.
그러나 장자는 책보다도 나이의 경험을 더 높이 산 것 같다.
고전《장자》에 나오는 임금과 수레바퀴 장인의 우화가 대표
적인 예다.

마루에서 책을 읽고 있는 제나라 환공에게 마당에서 수레바퀴를 만
들던 늙은 장인이 "무슨 책이냐?"고 묻는다. 환공이 "옛 성인의 말
씀"이라고 하자, 장인은 "이미 죽은 성인들의 말씀이라면 그건 말의
찌꺼기에 지나지 않는 것然則君之所讀者, 故人之糟魄已夫"이라고 깎아내린
다. 환공은 기분이 나빴을 것이다. 하찮은 장인이 감히 충고를? 그렇
게 생각했을 것이다. 환공이 화를 내자 늙은 장인은 말한다.
"바퀴 구멍에 바퀴살을 맞춤하게 끼우는 섬세한 작업은 짐작으로 터
득해서 마음으로 느낄 뿐 말로는 표현할 수가 없습니다(〈경향신문〉

2010. 4. 2, 고전을 읽어야 하는 이유)."

장인은 책에서 얻기 힘든 경험의 가치를 말한 것이다. 기성세대란 결국 도서관 같은 것이요, 고전과 같은 것이며, 때로는 고전 이상의 경험적 가치가 있는 사람이다. 너무 거창한가? 턱도 없는 소리인가? 물론 책도 책 나름이라 형편없는 책이 있듯이 형편없는 사람도 있게 마련이다. 그러나 형편없는 책이라도 저자가 머리를 짜내서 꼭 하고 싶은 말 한마디는 있다. 책을 읽는 사람으로서는 그것만 취하면 된다.

마찬가지다. 당신이 '꼰대'라고 얕보는 사람의 말과 경험 중에는 얻을 것이 하나쯤은 있게 마련이다. 반면교사로서라도 말이다. 당신이 교훈으로 얻을 것, 취할 것만 취하면 된다.

상사나 선배의 경험담이 투박하고 때로는 쓸데없는 자랑처럼, 때로는 훈계로 들릴지 모르지만 그들의 말에 귀 기울이는 것은 경험을 읽는 것이며 역사를 읽는 것이다. 도서관에 가서 고전을 접하는 것과 같다.

나이 든 사람, 기성세대를 어떻게 볼 것인지, 어떻게 읽을 것인지 다시 생각해보자. 그것을 깨우치면 큰 도움이 될 것이요, 눈과 귀, 그리고 마음을 닫는다면 너무 아깝다. 신세대 당신에게 큰 손실이 된다.

22

꼰대의 조건과 특성은
해석하기 나름

세대론을 다룬 책을 보면 자연스럽게 기성세대가 '꼰대'가 되는 조건이나 체크리스트가 등장한다. 적게는 5개의 항목에서부터 20여 개가 넘는 체크리스트에 이르기까지 각양 각색이다.

어떤 이는 신문 기사나 보고서를 작성할 때 사용하는 육하원칙六何原則에 대입해 꼰대의 조건이라 이름 붙이기도 했다. 즉, Who("내가 누군지 알아?"), What("네가 뭘 안다고."), Where("어디서 감히."), When("예전에 내가 말이야."), How("어떻게 나한테." "하는 짓이 어떻게 그러냐?"), Why("내가 그걸 왜?" "왜 라고 묻지 마. 시키는 대로 해.")가 그것이다. 어떤 체크리스트는 다음과 같은 것을 나열하기도 한다.

- 꼰대는 요즘 젊은이들이 노력은 하지 않고 세상만 탓한다고 생각 한다.
- 나보다 늦게 출근하는 후배가 거슬린다.
- 후배나 부하 직원의 옷차림과 인사 예절 등을 지적한다.
- "자유롭게 의견을 말하라" 하고는 나중에 보면 내가 먼저 답을 제 시했다.
- 사람을 만나면 학번이나 나이부터 확인하려 든다.
- 내 의견에 반대한 후배나 부하를 두고두고 잊지 못한다(화가 난다).
- 음식점 등에서 불친절하다고 "사장 나와!"를 외친 적이 있다.
- 후배나 부하가 커피를 알아서 대령하지 않거나 회식 때 고기를 굽 지 않으면 불쾌하다.

어떤가? 이 정도 되면 너무 조잡하다는 느낌이 들지 않는 가? 기성세대 중에서도 별 볼 일 없는 사람의 특성이나 행동 양태, '진상'인 상사나 푼수 같은 선배의 행태를 모아놓고 꼰 대의 요소, 꼰대 체크리스트라 하고 있다. 이쯤 되면 기성세대 모독이다.

각설하고, 너저분한 항목은 일단 논외로 하자. 그리고 꼰
대의 그럴듯한 조건(특성)을 중심으로 그것이 정말 비난받아
마땅한 것인지, 아니면 괜한 시비요, 눈 흘김은 아닌지 따져
보자. 신세대가 꼰대의 특징이라고 지적하는 체크리스트 중
에서 대표적인 것 12가지를 선정했는데 이를 긍정으로 해석
하면 어떻게 되는지 비교해보는 것도 매우 흥미로울 것이다.

긍정으로 보면 다른 사람이 보인다

다음의 항목에서 먼저 나오는 것은 일반적으로 말하는
'꼰대의 조건 또는 특성'이고, 그다음에 서술된 것은 긍정으
로 해석한 것이다. 둘을 비교해보면 같은 조건과 특성이라도
어떻게 생각하느냐에 따라 전혀 다르게 받아들여질 수 있음
을 알게 된다.

(1) 직위 따위의 서열을 강조하며 상하관계를 중시한다.

⇒ 그게 어때서? 위계질서가 있어야 직장이다.

(2) 시시콜콜 잔소리가 심하다.

⇒ 얼마나 세심한가? 직장의 성패는 디테일이 좌우한다는 것을 아는 거다.

(3) 조언을 구하지도 않았는데 가르치려 한다.

⇒ 얼마나 친절한가? 배워서 나쁠 건 없다. 배운 것을 실제로 활용하느냐 아니냐는 듣는 사람의 몫이다.

(4) 연애, 결혼, 가족사를 비롯한 사생활을 묻고 참견한다.

⇒ 얼마나 좋은 일인가? 친근감과 관심의 표시요, 가족처럼 보살피려는 생각이니까.

(5) 인사, 말투, 표정, 태도, 옷차림, 화장, 헤어 스타일, 술자리 매너에 이르기까지 지적한다.

⇒ 그게 나쁜 일인가? 뒤에서 흉보고 욕하면서도 말해주지 않는 것보다 몇 배 낫다. 그건 성공에 이르는 길을 가르쳐주는 거다.

(6) 거들먹거리며 대접받으려 한다.

⇒ 그렇게 보는 건 당신의 열등감 때문이다. 그게 바로 나이와 지위에 맞게 품위를 지키는 거다. 스스로 대접받으려 하지 않으면 대접할 사람이 없는 세상 아닌가.

(7) 나이가 많다고 다짜고짜 반말한다.

⇒ 고깝게 생각 마라. 반말은 친근함의 징표다. 당신과의 벽을 한 방에 허무는 것이다. 꼬박꼬박 존댓말을 하면 관계가 서먹하다는 증거다.

(8) 별것 아닌 일에도 큰소리로 꾸중을 하고 질책한다.

⇒ 별것 아닌 일이란 것은 당신의 판단이다. 작은 것이 큰 사건으로 비화됨을 상사는 경험으로 잘 알고 있기에 사전에 예방하려는 거다.

(9) 과거를 미화하며 잘난 체한다.

⇒ 잘난 체가 아니라 정말 잘난 것이다. 그만큼 아는 게 많고 에피소드가 많고 경험이 많은 것이다.

(10) "옛날에는···." "내가 신입사원 시절에는···" 하며 과거를 들먹인다.

⇒ 자고로 온고이지신溫故而知新이다. 옛것을 오늘에 살려야 한다. 또한 사례로 설명해야 이해하기 쉽고 실감이 나기에 경험담을 말한다.

(11) 회사 일과 단체생활을 우선시하며 사생활을 희생시킨다.

⇒ 회사 생활의 원리를 몸소 실천하는 것이다. 당신처럼 사생활이 먼저고 조직과 단체를 우습게 아는 사람으로 회사가 가득하다면 회사가 어떻게 될까?

(12) 퇴근 후는 물론이고 휴일이나 휴가 중에도 업무 관련 메시지를 보낸다.

⇒ 그만큼 회사에 대한 관심과 충성도가 높은 거다. 퇴근 후, 휴일, 휴가 중에는 업무와 회사를 완전히 단절하고 잊어버리는 게 정상인가?

소위 꼰대질이라는 것을 역발상으로 해석해봤다. 기성세대라면 무조건 비난하는 분위기이기에 일부러 거꾸로 해석해본 것이다. 그러면 '꼰대질'이라며 손가락질하던 것이 다르게 다가옴을 알 수 있다. 그야말로 생각하기 나름이요, 꿈보다 해몽이다. 물론 억지스러운 변명, 은근히 염장 지르는 해석도 있을 것이다. 그럼에도 불구하고 이해의 눈으로 바라보면 기성세대를 다르게 보는 교훈을 얻게 된다.

신세대가 기성세대를 향해 손가락질하는 '꼰대질', 그것을 무작정 비난하며 냉소할 것이 아니라 이렇게 생각을 바꿔볼 필요도 있지 않은가. 그러면 상사와 선배가 다르게 보일 것이다. 긍정으로 보면 다른 사람이 보인다.

지금 당신과 함께 일하고 있는 상사를 슬며시 쳐다보라. 책상에 머리를 파묻고 일에 열중하고 있는 그가 어떻게 보이는가? 늘 당신을 못살게 구는 나쁜 사람인가? 함께 일하기가 역겨운 사람인가? 직장에서 사라져야 할 쓰레기인가? 혐오스러운 괴물로 보이는가?

이 질문에 답하기 전에 당신의 시선과 생각에 문제가 있는 것은 아닌지 돌아볼 필요가 있다. 한 번쯤 상대를 선의로 바라보자. 선한 눈으로 상사를 보고 선배를 보자. 그러면 다르게 보일 수 있다. 모든 건 생각하기 나름이요 보기 나름이다. 일체유심조一切唯心造다.

23

꼰대가
따로 있는 게 아니다

우리나라의 큰 공기업에 근무하는 김 아무개 부장. 소위 일류 대학을 나온 사람이다. 그는 젊은 날에 매우 성실하고 깐깐하고 유능한 사람이었다. 그런데 어떤 까닭인지 간부(차장급)로 진입해야 할 때 승진에서 탈락했다. 일류 대학 출신이라는 자부심이 강했던 그는 그때부터 사람이 확 달라졌다. 삐딱해진 것이다.

뒤늦게 승진하기는 했지만 동기에 비해 뒤처지면서 일을 열심히 하지 않았고 날이 갈수록 냉소적이며 투덜거렸다. 전형적인 꼰대에 빤대 기질까지 가미됐다. 회사의 입장에서 그는 애물단지였다. 공기업이라 정년이 보장됐기에 이러지도 저러지도 못했다. 더구나 입사 동기들이 임원으로 있기에 인맥이 탄탄해서 아무도 못 말리는 상황이었다.

어느 날, 신입사원 박 아무개가 그 사람의 휘하로 배정됐다. 신출내기를 배치한 것은 그의 부하들이 계속 그를 떠났기 때문이다. 자신의 처지를 후배들에게 화풀이하듯 꼰대질하는 김 부장은 인기가 없는 것을 넘어 회피 대상이었다.

그런데 신입사원 박 아무개는 달랐다. 김 부장을 깍듯이 잘 모셨다. 조금도 껄끄러워하지 않고 농담도 곧잘 했다. 마치 오랫동안 함께 일한 친근한 후배처럼 말이다. 둘은 잘 어울렸다. 퇴근 후에 김 부장과 박 아무개가 회사 근처의 음식점에서 소주잔을 기울이는 풍경이 종종 발견됐다. 사람들은 둘이 궁합이 맞는가 보다고 생각했다.

박 아무개의 입사 동기생들이 모였을 때, 그것이 화젯거리가 됐다.

"박 아무개! 네가 김 부장님과 잘 지낸다며? 김 부장님과 함께 일하기가 쉽지 않다는데…, 궁합이 맞는 거야?"

대접하기 나름

박 아무개가 덤덤히 대답했다.

"음…, 사람들이 뭔가 잘못 생각하는 것 같아. 부장님, 좋은 분이야. 처음에는 나도 부장님이 참 시니컬하다고 생각했지. 짜증도 잘 내시고. 그런데 그분을 알고 나니 돌아가신 아버지 생각이 나는 거야. 좋은 대학을 나온 우리 아버지 역시 회사 생활이 매우 힘들었거든. 원리원칙을 강하게 내세웠기 때문이지. 법이 없어도 될 만큼 좋은 분인데 그 고지식함이 불이익으로 돌아온 거야. 그때는 내가 어려서 아버지의 방식을 이해하지 못했어. 불만이 많았지. 그런데 여기서 김 부장님을 보니까 아버지가 떠오르고, 그래서 잘 모셔야겠다고 생각했어. 가까이 모셔보니까 참 훌륭한 분인데…."

그의 말에 동기생들이 머쓱해졌다. 갑자기 박 아무개가 '큰 사람'으로 느껴졌다. 신출내기답지 않은 의젓함이 돋보였다.

그는 성심껏 상사를 모셨고 2년쯤 후, 회사의 핵심 인재 육성 계획에 따라 미국으로 유학을 떠났다. 그의 발탁에 모두 놀랐다. 바늘구멍 들어가기만큼이나 어렵다는 특별한 기회였기에 동기생을 비롯해 주위 사람들의 부러움을 산 것은 당연하다. 이제 그는 승승장구할 것이니까.

그가 떠난 직후 김 부장은 명예퇴직을 신청해 회사를 그만두었다. 그리고 얼마 후, 회사에 이런 소문이 돌았다. 박 아무개가 해외 유학의 큰 뜻을 품게 된 것은 다름 아닌 김 부장의 조언과 권유 때문이라는 것을. 회사의 생리와 조직의 메커니즘을 잘 가르치고 안내해준 덕분이라는 것을.

이뿐만 아니라, 유학의 좁은 문을 열어준 것도 바로 김 부장이었다는 것이다. 김 부장은 자기가 회사를 그만두기로 작심한 후, 동기생인 임원들에게 박 아무개의 유학을 간곡히 부탁했고 그 뜻을 이룬 것이다(김 부장의 부탁만으로 발탁된 것은 아닐 것이다. 그를 잘 모실 정도라면 이미 회사 내에 박 아무개의 평가는 좋았을 것이다).

꼰대가 따로 있는 게 아니다. 기성세대를 꼰대로 보고 그렇게 취급하면 당신에게 꼰대로 다가올 것이다. 그러나 훌륭한 상사, 좋은 선배로 대접하면 그 또한 그렇게 다가온다. 알고 보면 다 좋은 사람이다.

꼰대가 따로 있는 게 아니다. 괴물은 더욱 아니다. '굼벵이도 구르는 재주가 있다'라고 했다. 누구나 장점이 있고 나름의 노하우가 있기 마련이다. 상사나 선배가 가지고 있는 장점을 어떻게 생각하고 어떻게 받아들이냐에 따라 달라진다. 대접하기 나름이다.

[회사에 적응하면 사축인가?]

•

신세대 직장인 중에 자기를 사축社畜이라 비하하고 자조하는 사람들이 있

다. 회사에서 기르는 동물처럼 순응하며 일한다는 의미다. 원래 사축이란

단어는 조어를 잘 만드는 일본에서 가정과 사생활을 희생하며 회사 일에

매달리는 기성세대를 조롱하는 말로 쓰였다.

그러나 요즘은 세대를 불문하고 박봉과 고된 업무, 냉정한 조직문화, 그리

고 언제 퇴출될지 모르는 고용불안 등 힘겹고 답답한 현실에 대한 분노와

자괴감에 빠진 직장인들이 자신의 처지를 비유하는 것이다.

스스로를 사축으로 비하하지 말라. 회사에 적응하고 상사나 선배에게 순

응하면 사축인가? 그거야말로 자존감 없는 짓이다. 자존감self-esteem이란

다른 사람의 인정이나 칭찬 따위로 생기는 것이 아니라 스스로의 성숙한

사고와 가치, 인정에 의해 형성되는 것이다. 그것은 자신에 대한 스스로의 평가다. 그런데 사축이라고?

회사와 기성세대의 질서에 적응하는 것을 넘어 아무쪼록 '사축社軸'이 돼야 한다. 동물로서의 사축社畜이 아니라 회사의 중심축-軸으로서의 사축 말이다.

24

상사는 적이 아니다.
입장이 다를 뿐이다

에이브러햄 링컨이 미국의 제16대 대통령으로 취임하기 바로 전, 남부의 7개 주가 노예제도 폐지를 반대하며 분리 독립을 선언했다. 링컨은 노예제도를 둘러싼 갈등으로 연방이 파괴될 수 있다고 판단하고 연방을 보호하기 위해서는 전쟁도 불사해야 한다고 생각했다.

국론 분열의 위기 상황에서 대통령에 취임한 그는 취임사를 통해 미국민으로서의 정체성과 애국심, 그리고 단합을 호소했는데 연설 말미에 이런 말을 남겼다.

"우리는 적이 아닙니다. 친구입니다. 결코 적이 돼서는 안 됩니다^{We}
are not enemies but friends. We must not be enemies."

이 말을 직장 내에서의 세대 갈등에 그대로 적용하고 싶
다. 기성세대인 상사나 선배는 적이 아니다. 함께 전진해야
하는 친구들이다. 결코 적이 돼서는 안 된다. 이치가 이럼에
도 세대 갈등이 혐오의 차원으로까지 내달린다면 자칫 세대
가 다르다는 이유 하나로 상대를 적으로 착각할 수 있다. 그
렇다. 상사는 적이 아니다. 입장이 다르고 생각과 방식이 다
를 뿐이다.

알고 보면 참 괜찮은 꼰대

"알고 보면 착해!"

누군가를 이해하려 애쓸 때 용서하듯이 내뱉는 말이다.
이 말은 2018년 화제를 낳았던 tvN 드라마 〈나의 아저씨〉에
나오는 대사이기도 하다(이 평범한 말이 꼭 그 드라마에서만 사
용됐을 리는 없지만).

이 말은 많은 생각을 하게 한다. 알고 보면 이해할 수 있

다는 것이요, 알고 보면 모두 괜찮은 사람이라는 의미다. 〈나의 아저씨〉가 작품상을 수상했다는 백상예술대상은 별 관심의 대상이 아니었다. 대상인지 소상인지, 그런 상이 있는지도 몰랐다. 그런데 그 존재를 알게 되고 깊은 인상을 받은 것은 2019년 백상예술대상 TV드라마 부문에서 원로 탤런트 김혜자 선생이 JTBC의 〈눈이 부시게〉로 대상을 타면서다. 특히 그가 수상소감으로 드라마의 엔딩 내레이션을 말하면서 감명을 주었기 때문이다.

"오늘을 살아가세요. 눈이 부시게…. 당신은 그럴 자격이 있습니다. 누군가의 엄마였고 누이였고 딸이었고 그리고 나였을 그대들에게."

그래 맞다. 우리는 아니, 당신이 눈 흘겨보며 꼰대라고 생각하는 상사는 누군가의 엄마(아버지)고 누이(형)고 딸(아들)일 것이다. 그들은 나름대로 열심히 '오늘'을 살고 있는 평범한 사람들이다. 때로는 흥분해서 힐책하고, 말도 안 되는 잔소리를 늘어놓는 사람으로 여기지만 알고 보면 모두 착한 사람들이다. 삶의 무게를 이겨내며 나름대로 최선을 다하고 있는 좋은 사람들이다.

그런 눈으로 상사를 보자. 지금 저쪽 창가 책상에 머리를 파묻고 뭔가 끼적거리고 있는 상사를 유심히 보라. 신세대 당신의 눈으로는 "뭐 저렇게 사나?"라고 생각할지 모른다. 한심스럽게 보일 수도 있다. 그러나 그에게도 당신과 같은 청춘이 있었음을 떠올려보라.

어쩌면 당신보다 훨씬 더 총명하고 앞날이 기대되던 청년이었을지 모른다. 당신보다 훨씬 더 올곧은 소리를 하던 팔팔한 젊음이었을 수도 있다. 그런데 세월의 흐름과 함께 산전수전, 공중전까지 치르며 이제 그 뾰족하고 날카롭던 부분은 어느새인가 두루뭉술해졌고 "옛날에는 말이야" "그건 그렇게 하는 게 아니야"라며 참견하고 잔소리하는 꼰대가 된 것이다. 그도 당신만큼이나 예리하고 빳빳한 신세대였는데 말이다.

따뜻한 시선, 이해의 마음으로 다가가 보라. 그는 나와 생각이 다를 뿐 결코 적이 아니다. 적이 아니라 좋은 상사, 좋은 선배임을 깨닫게 될 것이다. 알고 보면 참 괜찮은 사람이다. 단지 일하는 방식, 세상을 사는 방법, 그리고 입장이 다를 뿐이다.

25

상사는 왜
'잔소리'를 하는가?

　직장에서 젊은 세대가 기성세대인 상사나 선배의 행태 중 가장 반감을 느끼는 것의 하나는 '잔소리'에 관한 것이다. 부하나 후배에게 "웬 참견이 그리 많고 가르치려 하느냐"는 것이다. 상사는 왜 가르치려고 할까? 왜 참견할까? 왜 잔소리가 많을까?

　원래 잔소리는 3가지 요소가 있다. 첫째는 별로 중요하지도 않은(쓸데없는) 자질구레한 말을 시시콜콜, 미주알고주알 한다는 것. 둘째는 반복성, 즉 한번 했던 말을 필요 이상으로 되풀이한다는 것. 셋째는 강조하지 않아도 충분히 알고 있는 '당연한 말'을 한다는 것이다.

잔소리에 대한 생각은 상사와 부하 간에 큰 차이가 난다. 같은 말(잔소리)이라도 상사의 관점에서는 가르침이 되고 부하의 생각으로는 쓸데없는 참견이 된다. 상사는 참견이나 잔소리로 생각하지 않는다. 당연한 지시요, 올바른 가르침이라 믿는다.

부하의 입장에서는 쓸데없는 참견, 자질구레하고 시시콜콜한 잔소리지만 상사의 입장에서는 그게 아니다. 자신의 언급이 쓸데없는 것이 아니라 쓸데 있는 것이요, 자질구레하고 시시콜콜한 것이 아니라 디테일한 것이라 생각한다. 했던 말을 되풀이하는 것은 그만큼 중요하기 때문이요, 그만큼 부하가 미덥지 못하기 때문이다.

어쨌거나 상사는 왜 가르치려고 할까? 왜 잔소리를 할까? 왜 당연한 말을 되풀이할까? 사람의 성향과 기질에 따른 것일 수도 있지만 다음의 5가지가 핵심적인 이유라 할 수 있다. 이것을 알고 나면 상사는 스스로를 돌아보며 잔소리의 빈도를 조금은 줄일 수 있을 것이다. 아울러 부하는 상사의 잔소리를 조금 더 이해하고 너그럽게 받아들일 수 있을 것이다.

(1) 훈수 본능

사람에게는 훈수 본능이 있다. 훈수訓手라면 떠오르는 것이 바둑이나 장기다. 그런 게임을 옆에서 구경하는 사람은 입이 근질거린다. 훈수 본능 때문이다. 자기와 전혀 관계없는 바둑판에 끼어들어 훈수를 두다가 싸움이 벌어지는 경우도 많다. 그럼에도 꾸역꾸역 훈수를 둔다.

훈수 본능은 가르치려는 본능이다. 인터넷을 보면 훈수 본능을 충분히 이해할 수 있다. 자기가 알고 있는 것은 어떤 형태로든 남에게 알려주려 한다. 특히 유튜브를 보면 사람들의 훈수, 가르치려는 본능이 얼마나 왕성한지 알게 된다. 유튜브는 훈수도 하면서 잘하면 돈벌이도 되기에 더욱 그렇다.

그런데 이거 이상하지 않은가? 좋은 정보, 유익한 지식이라면 혼자 알고 있어야 정상이다. 남이야 망하든 말든 말이다. 그럼에도 사람들은 핀잔을 들으면서까지 훈수하고 가르치려고 한다. 인터넷에서는 '악플'을 감수하면서 말이다.

왜 그런가? 우리나라 사람들이 이타심이 강해서일까? 남을 사랑하는 마음이 강해서일까? 아니다. 자기를 뽐내고 싶어서다. 그래서 훈수하고 가르치려고 한다. 훈수를 듣는 사람, 가르침을 받는 이의 입장에서는 쓸데없는 잔소리요, 괜한 참견인데도 말이다.

훈수와 가르치려는 것이 본능이라고 하자. 그럼에도 '수手'가 보이지 않으면 훈수할 수도, 가르칠 수도 없다. 바둑이나 장기판에서 옆에 있는 사람이 자꾸 훈수하고 가르치려는 것은 뭔가 보이기 때문이다. 방법이 보이고 대책이 보인다. 그것(수)이 보이지 않으면 입을 닫을 것이다.

장기나 바둑을 옆에서 보면 수가 잘 보인다. 마찬가지다 상사가 부하를 옆에서(또는 위에서) 보면 잘 보인다. 그러니 자꾸 훈수를 둔다. 더구나 신분이 상사라면 지위까지 더하게 돼 훈수를 넘어 지휘하고 명령할 것이다. 그것이 부하에게는 쓸데없는 잔소리요, 지나친 참견으로 여겨질 것이다.

(2) 미덥지 못해서

상사가 시시콜콜 세밀히 가르치고 참견하는 두 번째 이유는 당신(부하)이 미덥지 못해서다. 당신이 믿음직해보라. 완벽하고 탁월하다면 칭찬을 할 망정 잔소리로 가르치려고 하지 않는다. 이치가 그렇지 않은가?

상사 자신도 잔소리꾼의 불명예를 얻고 싶지 않다. 가급적 듬직하게 침묵하고 싶다. 말수가 적을수록 무게감이 있다는 걸 잘 안다. 그럼에도 잔소리하고 채근하는 것은 바로 당신에게 원인이 있다. 상사에게 신뢰를 주지 못하는 것이다.

상사는 왜 부하를 믿지 못할까? 알아서 잘할 텐데 말이다. 다름 아니라 부하를 애송이로 보기 때문이다. 20대의 신입사원에게는 마흔 살 먹은 과장이 성숙한 사람으로 느껴진다. 때로는 늙은이로 보일 수도 있다.

그러나 거꾸로 40대의 상사나 선배의 입장이 돼보라. 나이가 적은(때로는 어린) 부하나 후배가 애송이로 보인다. 그러기에 믿음직하지 않고 허점이 보인다. 80대의 부모가 50대의 장성한 자식에게 "길 조심하라" "밥 챙겨 먹어라"라며 챙기는 것과 같은 심리다.

요즘 신세대 부하나 후배는 상사나 선배보다 훨씬 더 유능하고 똑똑할 수 있다. 기성세대가 그들의 나이 때와 비교해보면 게임이 안 된다. 그럼에도 나이가 들고 상사의 지위에 오르면 신세대의 디지털 능력이나 새로운 트렌드에 관한 능력은 인정할지언정 업무 전반이나 처세에 관해서는 '네가 뭘 알아?'라는 의식이 작동한다. 미덥지 못하다. 그러기에 미주알고주알 잔소리를 한다.

(3) 피해의식 때문에

셋째는, 부하의 잘못으로 자신에게 문제가 생길 수 있다는 피해의식 때문이다. 만약 상사와 부하 사이에 업무적으로 아무런 관련이 없다면 잔소리할 까닭이 없다. 연관돼 있기에 잔소리한다. 즉, 일이 잘못되면 그 책임에서 자유롭지 못하기에 잔소리를 한다.

부모가 자녀에게 잔소리를 하면 자식들이 흔히 내지르는 말이 있다. "그만하세요. 제가 알아서 할 테니까요." 그런데 생각해봤나? 막상 일이 어긋나거나 사고가 터지면 뒷수습은 어차피 부모의 몫이다. 알아서 한다고? 뭘 어떻게 알아서 하는가?

사고의 책임이 자식에게 한정되면 그뿐이겠지만 세상사가 그렇지 않다. 자식으로서의 한계가 있게 마련이다. 누군가가 도와줘야 하고 수습을 해야 한다. 그 몫은 온전히 부모에게 돌아간다. 자식은 자기만을 생각하지만 부모는 가족과 가정 전체를 생각하기에 시시콜콜 따지고 간섭하고 조언할 수밖에 없다.

상사나 선배도 마찬가지다. 일이 잘못돼 문제가 생기면 오히려 더 큰 책임을 감당해야 한다. 불똥이 자기에게 튄다.

그러니 어떻게 침묵할 수 있는가? 결국 부하의 일이 자기의 일이 되고, 부하의 잘못이 피해로 돌아올 수 있기에 잔소리하고 참견하고 가르칠 수밖에 없다.

(4) 경험칙 때문에

넷째는, 경험이 많기 때문이다. 경험으로부터 얻은 나름의 지식과 기준이 있기에 잔소리를 한다.

상사나 선배라면 상대적으로 그 직장에서 더 오래 근무한 사람이다. 그만큼 경험이 많다. 지난날의 경험을 통해 터득한 경험칙이 있는 것이다. 그러니 아직 경험이 적은 신세대 신입사원의 일 처리에 보탬이 될 정보를 전해주고 싶은 것은 인지상정이다.

신세대 사원이나 후배가 처리하고 있는 일을 보면 상사는 앞으로 일어날 여러 가지 상황을 예견하게 된다. 경험이 있으니까 말이다. 때로는 자신의 지난날이 생각날 수도 있다. 나이를 먹는 동안, 직장 생활에서 또는 인생살이에서 험한 꼴을 많이 봤기에 걱정이 많고 노심초사한다.

상사 자신이 직장 초년생이었을 때 현재 같은 상황에서

일어났던 사고, 사건, 에피소드가 떠오를 것이요, 잘됐던 것보다 잘못돼서 곤욕을 치렀던 일이 생각날 것이다. 그러니 그경험을 바탕으로 훈수를 둘 수밖에 없다. 알게 모르게 "콩 놔라, 팥 놔라" 하게 된다. 앞으로 전개될 여러 상황이 예견되는데 입을 꽉 다물고 있으라고? 그건 직무 유기요, 상사나 선배로서의 역할을 포기하는 것이다.

특히 직장 생활을 해보면 회사 일 대부분이 디테일에서성패가 갈라짐을 경험으로 뼈저리게 느끼게 된다. 디테일이무엇인가? 바로 꼼꼼함이요, 세밀함이며 듣는 이의 표현으로바꾸면 잔소리가 된다. 경험으로 아는 것이 많으면 말이 많아지는 건 당연하다.

상사의 심리적 특성의 하나는 완벽주의자라는 것이다. 한조직에서 상층부로 올라간 사람은 일 처리가 한순간 삐끗함으로써 공들여 쌓아 올린 '성공의 탑'이 한꺼번에 무너져 내린다는 사실을 잘 알고 있다. 그래서 상사는 통 큰 어른 같지만 의외로 꼼꼼하고 세밀하다. 그래서 부하의 입장에서 보면쓸데없는 걱정을 사서 하며 그러기에 잔소리가 심하다. 그들은 그렇게 해서 상사의 지위에 올라간 사람들이다. 높이 올라간 후에 통 큰 척하지만 내심 그게 아니다.

(5) 후회가 되기에

훈수하고 가르치려는 다섯 번째 이유는 '돌아보면 후회되는 것'이 있기 때문이다. 직장 생활을 돌아보면 젊은 날의 판단과 처신이 얼마나 어설픈 것이었는지를 뼈저리게 느끼는 경우가 많다. 때로는 지난날이 참 명청했다는 생각도 든다.

자기 딴에는 누구보다 총명하고 똑똑하게 현명한 판단을 하고 깔끔하게 처신했다고 생각하지만 세월이 지난 후에 생각하면 참 애송이다운 것이었음을 알게 된다. 그래서 '지금 아는 것을 예전에 알았더라면' 하고 후회하게 된다.

베스트셀러였던 류시화 시인의 잠언 시집《지금 알고 있는 걸 그때도 알았더라면》(열림원. 2014)에는 같은 제목의 킴벌리 커버거Kimberly Kirberger의 시가 소개돼 있다. 커버거는 지금 알고 있는 것을 젊은 날에 알았더라면 "더 많이 놀고, 사랑에 더 열중하고, 더 많은 용기를 갖고, 자주 입을 맞추고, 더 감사하며, 더 많이 행복해했으리라"라고 읊었지만 그것은 시인다운 후회일 뿐이다.

직장인이 나이 들어 젊은 날을 돌아보면 이렇게 후회할 것이다. 지금 아는 것을 예전에 알았더라면 그런 식으로 일하지 않았을 것이라고. 좀 더 현명하게 처신할 것이라고. 하찮은 이유로 상사에게 반항하지 않을 것이며 이유 없이 선배를 무시하지 않을 것이라고 말이다.

그런 후회 때문에 상사나 선배가 되면 늘 노심초사하며 젊은 세대에게 훈수하고 가르치려 한다. 후배가 뛰어난 척, 잘난 척하지만 훗날 후회할 것이 뻔히 보이기 때문이다.

26

방탄소년단이 하면 '감동', 상사가 하면 '반동'

꼰대는 자기 계발서다. 꼰대=자기 계발서? 그렇다 꼰대는 자기 계발서와 같다. 자기 계발서의 특징이 뭔가. '공자님 말씀'으로 가득하다. '진짜' 공자님 말씀을 의미하는 게 아니라 평범하고 상식적이고 원칙적인 '잔소리'가 대부분이라는 뜻이다. 꼰대가 원래 그렇다. 기성세대는 자기 계발서가 홍수처럼 쏟아지던 시대를 살아온 탓인지 자기 계발서에 익숙하고 그런 이야기를 끝없이 해댄다. 평범하고 상식적이고 원칙적인 잔소리를 늘어놓는다. 신세대 입장에서 그렇다는 말이다.

신세대는 자기 계발서를 싫어한다. 신세대에게 자기 계발서는 꼰대의 잔소리를 모아놓은 것으로 보이기 때문일 것이다. 흔히 제목만 읽어도 무슨 소리를 하려는지 알 수 있다거나, 책의 내용에 깊이가 없고 너무 가볍다는 등의 이유로 자기 계발서를 비판하지만, 신세대로서는 꼰대처럼 "콩 놔라, 팥 놔라" 쓸데없이 잔소리를 하며 가르치려 하는 것이 마음에 들지 않을 것이다.

그래서 "나는 자기 계발서를 싫어한다"라고 말하는 젊은이들이 많다. 그중 기억에 남는 젊은이를 꼽으라면 세계적인 돌풍을 일으키고 있는 그룹 방탄소년단이 될 것 같다.

방탄소년단[BTS], 대단하다. 세계 대중음악의 역사를 바꿔놓았다는 평을 받는 영국의 4인조 록그룹 비틀스[Beatles]와 비견된다. 곰곰이 살펴보면 비틀즈와 방탄소년단에 공통점이 있음을 발견한다. 우선 Beatles를 약자로 표현하면 BTS가 될 수 있다는 것이 재미있다. 또한 비틀즈가 미국에 입성하면서 세계적 돌풍을 일으킨 것처럼 방탄소년단도 2018년 미국 투어를 통해 드디어 폭발했다. 공통점이 또 있다. 비틀즈가 1962년에 낸 첫 싱글의 제목이 'Love Me Do'였는데 방탄소년단의 앨범의 타이틀 또한 '사랑'과 관련된 'Love Yourself'라는 점이다.

방탄소년단의 RM 김남준은 2015년에 발매한 첫 믹스테이프(주로 힙합, 랩, R&B, 레게 장르의 가수가 온라인상에 무료로 배포하는 자작곡 형태의 하나다. 상업적 목적으로 만든 것이 아니기에 아티스트의 진솔한 음악적 가치관을 드러낸다) '두유Do You'에서 청춘의 각성을 촉구했다. 그러면서 이렇게 노래한다.

"난 세상에서 자기 계발서가 제일 싫어" "이렇게 저렇게 하란 개소리들" "아프니까 청춘이다. 그딴 위험한 정의가 제일 문제야"라는 직설적인 가사로 자기 계발서를 저격했다. 아마도 신세대의 정서를 그대로 대변한 것이리라. 어쩌면 그들의 외침 때문에 신세대가 덩달아 자기 계발서를 싫어한다고 하는지도 모르겠다.

RM이 2018년 9월 24일 유엔에서 한 연설은 세계의 젊은이들을 열광케 했다. 7분 동안 이뤄진 연설의 핵심은 앨범의 타이틀 그대로 "자신을 사랑하라Love yourself"였다. "타인의 시선을 의식하며 남들이 만들어놓은 틀에 자신을 가두지 말고, 자신을 사랑하고 자신의 목소리와 신념을 잃지 말자"라고 했다.

문제의 핵심은 듣는 이의 마음

원래 방탄소년단의 노랫말에는 이런 식의 충고와 조언이 많다. '영 포에버Young Forever'에서는 "넘어져 다치고 아파도, 끝없이 달리네, 꿈을 향해"라는 가사가 반복된다. 심지어 노랫말에 헤르만 헤세, 칼 융, 어슐러 르 귄 등이 인용되어서 그 책을 찾아서 읽는 'BTS북클럽'까지 생길 정도다. 그래서 그들을 가리켜 젊은이들에게 꿈과 위로와 용기를 주는 '살아 있는 자기 계발서'라 평하기도 한다.

여기서 잠깐! 뭔가 이상하지 않은가? 세상에서 자기 계발서가 가장 싫다는 그들을 가리켜 '살아 있는 자기 계발서'라고 하는 것이 말이다. 그렇다. 자기 계발서가 나쁜 것이 아니다. 따지고 보면 순수문학이 아닌 거의 모든 책이 궁극적으로는 자기 계발서다. 아니 순수문학도 결국은 인간의 자기 계발을 위한 책과 다르지 않다.

생각해봤는가? 방탄소년단이 노랫말로 말한 것을 상사나 선배가 말했다면 어떤 반응이었을까? "너 자신을 사랑하라, 타인의 시선을 의식하지 말라, 넘어져 다치고 아파도 끊임없이 달려가 꿈을 이루라"라고 말했다면 말이다. 틀림없이 꼰대의 쓸데없는 잔소리로 외면당했을 것이다.

"무엇을 말했느냐가 아니라 누가 말했느냐가 중요하다"라는 말이 있다. 탁견이다. 똑같은 말이라도 공자가 말한 것과 아버지가 말한 것은 하늘과 땅이다. 전자의 말은 고전이 되지만 후자의 말은 잔소리가 된다. 마찬가지다. 방탄소년단이 "포기하지 말라"라고 말한 것은 '감동'이라고 맞장구치지만 상사나 선배가 그렇게 말하면 '반동'을 불러온다.

같은 말을 해도 젊은이가 하면 위로가 되고, 꼰대가 하면 마음이 상한다는 게 흥미롭지 않은가? 결론은 자기 계발서가 나쁜 게 아니다. 상사나 선배, 부모의 말씀이 틀린 게 아니다. 이유 없이 심사가 비틀어져 상사의 이야기, 선배의 충고, 부모의 걱정을 듣고 싶지 않을 뿐이다. 문제의 핵심은 '잔소리'에 있는 것이 아니라 듣는 이의 마음에 있다.

27

고나리질,
잔소리가 나쁜 건가?

고나리질. 이 말이 무슨 뜻인지 아시는가? 물론 신세대에게 던지는 질문은 아니다. 신세대는 기성세대를 따돌리려는 듯이 암호 같은 말을 잘 만들어낸다. 이 단어도 그중 하나인데 이런 신조어를 대할 때마다 그들의 기발함에 감탄한다.

그들은 컴퓨터나 스마트폰의 자판을 두드리다가 오타로 나타나는 표현을 신조어로 둔갑시킨다. 때로는 한자의 자획을 풀어서 해석하는 파자破字의 방식을 한글에 적용해 새로운 단어를 탄생시키는데 고나리질이 바로 그것이다.

'고나리'는 자판으로 '관리'를 잘못 치거나, 또는 자음과 모음을 파자해 '자음 모음, 자음 모음'의 순서로 늘어뜨리면 드러나는 단어다. 그것에 행위를 비하하는 접미사 '질'을 붙여서 만든 것이 고나리질이다. 그러니까 '관리질'을 말한다.

관리질이라 하면 그런대로 고상(?)한 단어 같은데 신세대는 한 번 더 비틀어 활용한다. 고나리질을 그 어원인 관리管理, 즉 사람을 지휘하고 통솔하는 원래의 의미로 사용하지 않고, 상사나 선배가 지휘와 통솔을 빙자해 아는 체하거나, 이래라저래라 간섭하고 가르치려 들며 잔소리하는 꼰대짓과 동의어로 쓰는 것이다.

잔소리와 조언의 차이

이쯤에서 고나리질의 상징인 '잔소리'를 좀 더 깊이 따져보자. 단순히 "잔소리 좀 그만하라"라고 불평하지 말고 잔소리가 과연 무엇인지 그 실체를 꼼꼼히 살펴보자. 잔소리는 말하는 사람과 듣는 사람 간의 정서적 격차가 매우 크다. 잔소리라는 용어 자체가 듣는 사람 입장에서 표현한 단어다. 말하는 사람은 잔소리라 하지 않는다. 조언이요, 충고요, 때로는 지시며 명령이라 할 것이다. 그렇다면 같은 말을 놓고 해석이 다른 잔소리와 조언의 차이가 무엇인지 보자.

- 자질구레한 간섭은 잔소리, 가치 있는 간섭은 조언
- 듣기 싫은 말을 들으면 잔소리, 듣고 싶은 말을 들으면 조언
- 싫은 사람이 말하면 잔소리, 좋은 사람이 말하면 조언
- 윗사람이 말하면 잔소리, 아랫사람이 말하면 조언
- 아는 걸 말하면 잔소리, 모르는 걸 말하면 조언
- 귀찮으면 잔소리, 즐거우면 조언
- 도움이 안 되면 잔소리, 깨달음을 주면 조언
- 요청 없이 말하면 잔소리, 요청해서 말하면 조언
- 귀에 거슬리면 잔소리, 그렇지 않으면 조언
- 들을 때 마음이 불편하면 잔소리, 즐거우면 조언
- 그렇고 그런 사람이 말하면 잔소리, 권위자가 말하면 조언
- 감정적으로 말하면 잔소리, 이성적으로 말하면 조언
- 감정적으로 들으면 잔소리, 이성적으로 들으면 조언
- 일방적이면 잔소리, 소통이 되면 조언
- 말하는 목적이 상사 자신을 충족시키기 위한 것이면 잔소리, 상대의 성장을 위한 것이면 조언
- 뻔하고 당연한 이야기는 잔소리(대화하면서 "말하면 잔소리"라고 할

때의 의미다), 듣기 어려운 말이면 조언

- 듣는 사람이 잔소리라고 하면 잔소리, 조언이라면 조언

위의 내용을 잘 음미해보라. 결론적으로 잔소리와 조언의 차이는 말하는 이가 아니라 듣는 사람의 판단과 생각이 기준이 됨을 알 수 있다. 아무리 좋은 조언이라도 듣는 이, 즉 신세대의 귀에 거슬리거나 마음에 닿지 않으면 잔소리가 되고 만다. 거꾸로 말하면 별 볼 일 없는 말이라도 듣는 이가 마음을 열고 새겨들으면 조언이 된다. 결국 신세대가 상사의 이야기를 잔소리로 치부하고 고나리질로 여긴다면 어쩔 수 없이 그렇게 된다.

강의를 할 때도 같은 현상을 발견한다. 강의를 해본 사람은 알겠지만 강의가 술술 잘 풀리는 때가 있고 그렇지 않은 때도 있다. 강의가 잘 풀리지 않은 날은 밤잠을 못 이루며 자책한다. 청중의 반응이 시큰둥하고 분위기가 썰렁했던 상황을 떠올리며 참담한 심정이 된다. 이는 프로 강사 모두가 공감하는 이야기다.

그러나 청중의 피드백을 보면 흥미로운 현상을 발견한다. 분명 실패한 강의여서 "별 볼 일 없는 강의" "수준 이하의 강의"라는 혹평이 대세를 이루는 상황에서도 "큰 도움이 됐다"

"나 자신을 돌아보며 깨달음을 얻었다" 심지어 "매우 훌륭한 명강의였다"라고 소감을 남기는 사람이 있는 것이다. 마치 같은 말을 듣고도 어떤 이는 잔소리와 고나리질로 받아들이는 반면에 어떤 이는 훌륭한 조언으로 받아들이는 것과 같다. 어떤 말을 하느냐보다 중요한 것은 어떻게 듣느냐다. 그것은 곧 듣는 사람의 수준에 따라 달라진다.

꿀이 될 것인가 독이 될 것인가

서울 도봉산에 있는 회룡사는 무학대사를 찾아온 이성계가 이름을 지었다는 절이다. 그곳에서 무학대사와 이성계가 나눈 대화가 잘 알려져 있다. 차를 마시며 이야기를 나누다가 이성계가 농을 던졌다.

"요즘 대사께서는 살이 쪄서 마치 돼지 같소이다."

그 말을 듣고 무학대사는 이렇게 응수한다.

"소승이 돼지처럼 보이십니까? 전하께서는 언제 보아도 부처님처럼 보이십니다."

아니? 상대가 돼지처럼 보인다고 험담을 했으면 "당신은 소나 말처럼 보인다"라며 깎아내려야 제격일 텐데 부처님처럼 보인다고? 의아해하는 이성계에게 무학대사가 설명을 이어갔다.

"돼지의 눈으로 보면 이 세상 모든 것이 돼지로 보이고, 부처의 눈으로 보면 부처로 보이는 법이지요(豕眼見惟豕 佛眼見惟佛 시안견유시 불안견유불)."

절과 관련된 이야기가 나왔으니 한발 더 가보자. 불교 경전에 '일수사견一水四見'이란 말이 있다. 글자 그대로, 하나의 물을 4가지로 본다는 의미다. 똑같은 물이라도 천계에 사는 신은 보배롭고 장엄한 것으로 보고天見是寶嚴地, 인간은 마시는 물로 보며人見是水, 물고기는 보금자리로 보고魚見是住處, 아귀는 피고름으로 본다餓鬼見是膿血. 즉, 같은 것을 보더라도 사람에 따라 달리 보고 달리 받아들인다.

'우음수성유牛飮水成乳 사음수성독蛇飮水成毒'이라는 말도 있다. 소가 마신 물은 젖이 되지만 뱀이 마신 물은 독이 된다는 말이다. 서양 속담에도 비슷한 것이 있다. '같은 꽃에서 꿀벌은 단 것을 빨아들이고 땅벌은 쓴 것을 빨아들인다From the same flower the bee extracts honey and the wasp gall.'

그렇다. 잔소리냐, 조언이냐는 받아들이는 사람의 몫이다. 듣는 사람이 부처 같은 인품이면 부처의 귀한 말씀처럼 받아들일 것이요, 그의 심성이 옳지 못하다면 피고름으로 볼 수도 있다. 같은 말을 듣고도 그것을 우유를 생산하는 귀한 실천으로 옮기는 사람이 있을 것이요, 독을 뿜는 사람도 있을 것이다. 받아들이는 사람의 수준이 문제다. 당신은 어느 쪽일지 궁금하다.

28

잔소리가
사람을 변화시킨다

기성세대와 자기 계발서. 앞에서도 말했지만 둘은 닮았다. 당연한 이야기를 길게 하며, 한마디로 끝낼 것을 중언부언한다. 자기 계발서는 세상살이의 깊이 있는 철학을 가르쳐주기보다 '요령'과 '기법'을 가르쳐준다고 비판한다. 수준이 높은 책도 있지만 대개 평범하고 상식적이고 원칙적인 이야기를 담는다. 당연히 그럴 수밖에 없다. 자기 계발서의 기본 성격이 그렇다.

자기 계발서의 주제는 생활과 밀접하고 비교적 단순하

다. 처세, 인간관계, 화술, 리더십, 소통, 자기 변화 정도다. 던지는 메시지도 그렇고 그렇다. '일을 잘하자' '바른 사람이 되자' '유능한 사람이 되자' '꿈을 갖자' '하면 된다' 등등 그런 것이다.

이렇게 평범하고 단순한 주제로 수많은 사람이 수만 종이 넘는 책을 쓰다 보니 어떤 일이 일어나는가? 같은 이야기, 비슷한 메시지가 중언부언될 수밖에 없다. 그렇게 중언부언 강조해도 사람들이 변하지 않고 달라지지 않기에 또다시 '같은 잔소리'가 책으로 엮여 나온다. 신세대의 눈으로 보면 딱 기성세대, 꼰대의 모습이다. 그러니 짜증이 나기 십상이다. 마치 어린 시절 부모로부터 듣던 밥상머리 잔소리 같아서 지겨울 수 있다.

반복되는 '강조'가 일을 성사시킨다

생각을 한번 바꿔보자. 역발상을 해보자. 그 당연한 말, 지겨운 이야기에 성공의 방향과 요령이 분명히 담겨 있음을 깨닫게 된다. 때로는 TV의 광고 카피, 사무실 벽에 붙은 표어 한 줄이 인생을 바꾼다. 문제는 받아들이는 사람의 태도와 실천이다. 당신이 정말로 자기 계발을 통해 성공하고 싶다면 자기 계발서도 많이 봐야 한다. 수많은 작가가 왜 잠 못 이루며 경험과 주장을 들려주려고 글을 썼는지 역지사지해볼 필요가 있다.

마찬가지로 기성세대인 상사나 꼰대의 말에 귀 닫을 것이 아니라 귀담아들을 필요가 있다. 신세대는 잔소리로 느껴질지 모르지만 그는 간절한 마음으로 큰소리, 굵은 소리, 중요한 소리라 생각하며 말한다. 반복하는 것은 그만큼 간절하고 중요하다는 반증이다.

GE의 신화를 만든 세계적인 경영자 잭 웰치^{Jack Welch} 회장은 경영자 또는 리더가 어떤 프로젝트를 진행할 때 "열 번 이야기하는 것은 안 한 것과 같다"라고 했다. 심지어 "GE의 목표와 비전에 대해 400번 말했을 때 비로소 사원들은 내가 하는 말을 이해했고, 700번 말하자 나와 같은 생각을 하는 사람들이 가득해졌다"라며 변화를 일으키기 위해서는 조직원들에게 700번 이상 말해야 한다고 했다.

어떤가? 물론 정확히 셈을 하면서 700번을 반복하라는 것은 아니다. 조직원들의 귀에 딱지가 붙을 정도로 말해야 마음에 닿고 변화가 일어난다는 의미일 것이다. 어쨌거나 같은 이야기를 그토록 반복해서 듣는 팔로워의 입장이 상상될 것이다. 팔로워 입장에서 잭 웰치 회장은 영락없는 꼰대였을지 모른다. 아무리 세계적인 경영자의 거창한 비전이라도 이쯤이면 진짜 잔소리다.

그러나 잊지 마라. 반복이 사람을 변화시키고 행동으로 이어진다. 거꾸로 질문을 해보면 답이 나온다. 잭 웰치든 당신의 상사든 팔로워에게 어떤 사항을 딱 한두 마디 해서 마음에 각인이 되고 실행으로 옮겨질까? 세상사가 그렇다면 얼마나 좋을까마는 현실은 그렇지 않다. 신세대 모두가 그렇게 성실한 사람도 아니며 완벽한 일꾼도 아니다. 틈만 나면 일을 하지 않으려 하고 감독의 눈이 소홀해지면 농땡이 치려는 사람이 얼마나 많은가? 당신 자신을 대입해보면 답이 나올 것이다.

만약 당신이 상사라면 사원에게 딱 한마디만 하고 입을 다물 것인가? 상사나 선배가 중언부언 되풀이해 말하는 이유는 경험 때문이다. 직장 생활을 통해 한두 마디 해서 되는 일이 별로 없음을 절감하기 때문이다. 이는 당신이 상사가 되고 리더가 돼도 마찬가지다.

그래서 기성세대는 세상살이와 직장 생활의 경험을 통해 반복되는 '강조'가 상대방을 변화시키고 일을 성사시킨다고 믿는다. '반복'은 듣는 이에게는 잔소리지만 말하는 사람에게는 '강조'다.

넉넉한 마음, 이해하는 마음으로 기성세대의 잔소리를 받아들이는 게 어떨까? 잔소리가 쌓이면 더 많은 잔소리가 되는 게 아니라 당신을 변화시키고 회사를 발전시키는 큰소리가 된다는 점을 깨달아야 한다.

[잔소리는 명령이다]

●

MC 유재석 씨와 개그맨 조세호 씨가 길거리에서 퀴즈를 냈던 tvN 예능 프로그램 〈유 퀴즈 온 더 블록〉에서 유재석 씨가 한 초등학생에게 물었다. "조언이 있고, 잔소리가 있잖아요. 잔소리와 조언(충고)의 차이는 무엇일까요?

"잔소리는 왠지 모르게 기분이 나쁜데, 충고는 더 기분 나빠요."

"그럼, 잔소리가 조금 나은 건가요?"

"둘 다 싫어요."

요즘 초등학생들의 수준과 재치가 놀랍다. 그러나 성인이 되고 직장인이 돼서도 상사나 선배의 조언을 잔소리로 치부하고 기분 나쁘게 듣는다면 아직 초등학생 수준이라는 비판을 들을 수 있다.

초등학생이든 직장인이든 누군가로부터 지적을 받는 건 기분 나쁘다. 잔소리든 조언이든 뭔가 잘못됐다는 것을 전제로 하니까. 잔소리나 충고를 하는 사람은 은근히 우월적 지위, 자신이 좀 더 낫다는 생각을 바탕에 깔고 있으니까.

그러나 기분 나쁜 것은 잠시, 빨리 생각을 바꿔야 한다. 직장이란 곳은 잔소리와 조언으로 가득한 곳이요, 상사는 잔소리하고 조언하는 역할 때문에 존재가치가 있다는 것을 인정해야 한다. 동창회에서 같은 레벨의 친구가 당신에게 조언한다면 기분 나빠도 좋다. "너나 잘하세요"라고 말해도 좋다. 그러나 상사의 잔소리는 당신이 느끼기에 잔소리지 기본적으로 조언의 형식을 갖춘 명령이요, 지시다.

29

칭찬을 기대하지 마라.
그렇게 맷집이 약해서야

신세대 부하를 다루는 법에 관한 글을 읽다가 실소했다. 신세대 표현으로 썩소(썩은 미소)를 지었다. 그들을 잘 다루려면 하루에 3회 이상 칭찬을 하라는 거다. 일을 잘못해도 억지로 '거리'를 찾아 칭찬해야 한다니.

그런 요령이 나온 배경이 있다. 요즘 신세대는 질책에 약하기 때문이란다. 어렸을 때부터 칭찬(가식적으로라도)받으며 자란 세대라서 혼을 내면 자칫 경기(?)를 일으킬지 모른다는 거다. 웃기지 마라. 분명히 말하건대 직장인쯤 됐으면 칭찬

따위는 초월해야 한다.

군대 시절 우리 대대장은 대단한 능력자였다. 부하를 다루는 것부터 부대를 지휘하는 것에 이르기까지 탁월했다. 23세의 새파란 청년이었던 나는 그에게 참 많이 배웠다. 요즘도 그의 탁월한 리더십을 떠올릴 정도다.

그는 계급과 나이에서 나와 어울릴 군번이 아니었지만 이상하게 궁합이 맞았다. 코드가 잘 맞아서 부대 상황이 힘겹거나 스트레스받는 일이 있으면 슬그머니 나를 불러내 소주잔을 기울일 정도로 나를 아꼈다.

언젠가 우리 부대에서 군사령관까지 참관해 실시한 대규모 시범 훈련이 있었다. 그 훈련은 기대를 훨씬 뛰어넘어 대성공을 거뒀다. 그때 내가 맡은 분야가 특별히 큰 공헌을 했는데, 대대장의 기분이 크게 업up된 틈을 타 행사 준비에 내가 어떤 아이디어를 냈는지, 얼마나 열성적으로 했는지, 그간의 에피소드를 이야기했다. '나의 공로 좀 알아주세요'라는 심정이었음은 물론이다. 그러자 대대장이 껄껄껄 웃으며 말했다.

"조 중위, 지금 칭찬받기를 원하는구나. 그건 조 중위답지 않다. 훗날 사회에 나가서도 상사로부터 칭찬을 바라지 마라.

유능한 사람이라면 일을 잘하는 것은 당연한 것이야."

나를 유능한 사람으로 인정하면서(이것이 바로 칭찬인데) 따끔한 충고를 했다. 50년 가까운 세월이 흘렀지만 그 말은 내 가슴에 선명히 남아 있다. 칭찬받기를 원하는 것은 아직 미성숙한 사람이라는 의미다. 아직 애송이라는 말이다. 칭찬받기를 바라다 보면 자칫 섭섭해질 수 있음을 경고한 것일지 모른다.

사람을 다루면서 칭찬하지 말라거나, 칭찬이 나쁘다는 이야기가 아니다. 한마디 칭찬에 일희일비하는 가벼운 사람이 되지 말자는 것이다

야단맞는 법을 배워야 하는 세대

얼마 전, 직장에서 중간 간부로 일하는 후배를 만났더니 그는 이렇게 말했다.

"요즘 신세대 부하들은 조금만 질책해도 삐지고, 계속 칭찬해줘야 움직입니다. 미치겠어요."

이쯤 되면 정말 미칠 지경이겠다. 내가 직장 생활을 할 때는 칭찬은 고사하고 불호령 없이 하루를 지내면 그게 운 좋

은 날이었다.

이렇게 산전수전, 공중전까지 치르며 난세를 살아온 기성세대와 달리 대부분의 신세대는 곱게 자란 탓으로 쉽게 마음의 상처를 받는다. 꾸중은 예사요, 심지어 매를 맞으며 성장한 기성세대와 달리 작은 충격에도 큰 상처를 입고 낙담한다. 때로는 별것 아닌 일로 정신과 치료를 받아야 할 만큼 나약하다. 그러니 상사로부터 꾸중을 들은 사원의 부모가 상사에게 항의하는 일이 벌어지는 것이다. 그뿐이 아니다. 상사의 질책을 이겨내지 못하고 사표를 던지는 사람까지 있을 정도다. 그렇게 나약해서 어떻게 이 험난한 세상을 살아갈 수 있을까?

쉽게 마음에 상처를 입고, 작은 자극에도 절망하는 것은 우리네 신세대만 그런 것은 아닌 것 같다. 일본의 신세대도 오십보백보다. 한 보도에서 일본 도쿄에 있는 다이쇼大正대에서는 졸업을 앞둔 학생들에게 '잘 혼나는 법'을 교육시킨다고 한다. 야단을 잘 맞는 법을 가르치게 된 것은 이 학교 졸업생들이 회사에 취업한 후 "상사에게 혼나 정신적으로 힘들다"라는 하소연을 한 것이 계기가 됐다고 한다. 학교 측 설명에 의하면 요즘 학생들이 집이나 학교에서 꾸중을 들은 경험이 거의 없어 직장에서 야단을 맞으면 정체성마저 흔들린다는 것이다(〈조선일보〉 2019. 3. 6, 일본 대학, 꾸중 못 견디는 신세대에 '야단맞는 법' 강의).

맙소사! 이쯤 되면 정말이지 직장인이 아니라 유치원생이라 할 수 있다. 너무 유치하니까. 그러나 어찌 그 대학 출신뿐이랴. 이웃 나라 우리 대한민국의 실상을 말하는 것으로 착각할 정도다.

이런 사람 만났으면 어쩔 뻔했나

상사의 야단과 꾸중을 말하다 보니 문득 떠오른 사람이 있다. 유명한 스티브 잡스Steve Jobs다. 그가 한국에서 생존하고 있다면 아마도 2019년 7월부터 시행된 '직장 내 괴롭힘 금지법'에 덜컥 걸려들거나 갑질 논란에 휩싸여 검찰에 들락거리며 파렴치한 사람으로 몰렸을지 모른다. 우리의 시각으로 보면 그런 꼰대질이 없으니까.

그는 거의 극단적이라 할 만큼 자기중심적이다. 과대망상의 '자기애성 인격장애'의 요소가 다분해 남을 무시했다. 그런 성격 탓에 급기야 자신이 창업한 애플에서 쫓겨나기까지 했다. 12년 만에 '부활'했지만, 걸핏하면 함께 일하는 사람들에게 인격 모독성 험담을 퍼붓기 일쑤였다. 직원이 새로운 아이디어를 제안하면 멍청한 생각이라고 면박을 주는 것도 서슴지 않았다(그러고는 일주일 후에 똑같은 내용을 마치 자기가 생각해낸 아이디어처럼 상대에게 들어보라고 하는 일도 종종 있었다). 납품업체가 정해진 기간 안에 물품을 공급하지 못할 위기에 빠지자 그 회사 관계자들이 참석한 미팅 자리에 난입해 "빌어먹을 고자 자식들!"이라고 고함을 지르기까지 했다. 이 정도면 꾸중이나 야단의 차원을 넘어 완전한 괴롭힘이요, 갑질이다(〈인물과사상〉 강준만의 칼럼방 blog.naver.com/personnidea/20158346937).

스티브 잡스뿐이랴. 빌 게이츠^{Bill Gates}도 다르지 않다. 인상은 훨씬 인자하지만, 그 역시 부하에게 소리를 지르는 일이 많았다. 빌 게이츠의 뒤를 이어 MS의 CEO를 역임했던 스티브 발머^{Steve Ballmer}는 의자를 집어 던지는 것으로 유명하다. 아마존을 창립한 제프 베조스^{Jeff Bezos}는 혹독할 정도로 직원을 몰아붙였다. 베조스는 아마존 상품이나 서비스에 불만이 있는 소비자의 이메일을 일일이 읽어보며 사소한 것까지 꼼꼼하게 챙겼을 뿐 아니라, 일이 제대로 되지 않으면 막말에 가까운 언사를 서슴지 않았다고 한다.('아마존의 제프 베조스가 직원들을 다그치는 법').

만약 당신이 그런 리더를 상사로 만났다면 어떻게 됐을까? 경기를 일으켜 쓰러지거나 검찰에 고발해 곤욕을 치르게 했을지 모른다.

천재적이고 세계적인 인물과 꼰대질이나 하는 우리 상사를 어떻게 비교할 수 있냐고? 모르겠다. 무엇이 세계적인 천재성인지, 무엇이 꼰대질이고 갑질인지. 당신이 알아서 판단할 일이나 중요한 것은 맷집이 약해서는 어떤 상사와도 함께 일하기 어렵다는 사실이다.

유리 멘털은 아무짝에도 쓸모없다

기성세대가 못마땅하다고 해서, 또한 상사나 회사의 행태가 못마땅하다 해서 지나치게 민감하게 반응하는 것은 결코 좋은 일이 아니다. 야단이나 꾸중을 듣고 멘털이 흔들린다면 그건 젊음이라 할 수 없다.

마음의 근육을 키워야 한다. 맷집이 좋아야 한다. 그리하여 강한 멘털의 소유자가 돼야 한다. 이는 상사나 선배의 야단과 꾸중을 잘 듣기 위한 것이 아니다. 강한 멘털이 아니고는 직장 생활은 물론이요, 이 험난한 시대를 살아가기 어렵기 때문이다.

미국 일간지 〈허핑턴포스트The Huffington Post〉에서 '멘털이 강한 사람들의 9가지 습관The 9 essential habits of mentally strong people'이라는 기사를 올렸다(〈The Huffington Post〉 2014. 2. 18). 또한 미국 경제지 〈포브스Forbes〉에서는 사회복지사이며 작가인 아미 모린Amy Morin이 제시한 '멘털이 강한 사람들이 하지 않는 13가지'를 분석해 소개했다(〈포브스〉, 2013. 11. 18 Mentally strong people: The 13 things they avoid). 기사의 결론은 역경에 굴하지 말고, 그것이 우리의 삶임을 이해하며, 감정을 컨트롤해 역경조차도 사랑할 수 있어야 한다는 것이다.

직장 생활에서, 그리고 삶에서 역경은 언제나 있기 마련이다. 좋은 상사를 만날 수도 있지만 코드가 전혀 맞지 않는 사람과 맞닥뜨릴 수도 있다. 그럴 때 그것을 너그럽게 받아들이며 오히려 성장의 양식과 기회로 삼을 줄 아는 사람이 참된 신세대요, 멘털이 강한 사람이며, 마음의 근육이 탄탄한 사람이다

아무쪼록 맷집이 좋은 사람이 돼라. 상사의 한마디 꾸중에 마음의 상처를 입고 잠 못 이루는 유리 멘털이라면 아무래도 쓸모 있는 사람은 아니다.

30

신세대 용어를 꿰면
신세대인가?

신세대가 기성세대를 확실히 따돌리는 것의 하나가 신조어다. 신세대 용어, 인싸 용어, 인터넷 용어 따위로 불리는 조잡한(?) 단어를 기죽지 않으려고 기를 쓰고 배우는 기성세대도 있다. 그래야 아싸가 안 되고 신세대들이 인정하는 인싸가 될 것이라는 착각에서다.

기성세대라면 일단 아싸와 인싸부터 헷갈린다. 아, '아싸'라는 말은 아마도 익숙할 것 같다. 예전부터 자주 써온 말이니까. 기성세대가 익히 알고 있는 '아싸'는 요즘의 신세대가 알고 있는 아싸와 다르다. 기분 좋을 때 외치는 감탄사다. 기성세대는 어렸을 적에 "아싸!" 또는 "앗싸!"를 외치며 흥을 표현했고 때로는 "아싸라비아 삐약삐약"이라는 이상한 후렴구를 노래에 붙여 사용했었다.

요즘 신세대 용어로 나타난 아싸는 전혀 다른 의미다. 우선 어원 자체가 영어다. '아웃사이더outsider'를 줄인 말이다. 즉, 함께 잘 어울리지 않는 집단 밖의 사람, 아웃사이더가 아싸다. 그렇다면 인싸의 뜻도 금방 떠오른다. '인사이더insider'의 줄임말로 사람 또는 집단 안에서 잘 어울리는 사람이다.

그렇게 신세대 용어와 인터넷 용어, 인싸 용어는 마구 범벅이 돼 세종대왕을 얼굴 찌푸리게 한다. 뭐가 뭔지 모르게 단어를 분할·복합·변형한다. 패션에 관심이 많고 옷 잘 입는 사람이라는 뜻의 패션 피플은 '패피'가 되고 '패션의 완성은 얼굴'이라며 '패완얼'로 줄여버린다. '연서복'은 무엇인지 아는가? 연미복처럼 연회에 착용하는 옷이 아니다. '연애에 서툰 복학생'이라는 의미다.

쓸데없는 짓에 에너지 낭비하지 마라

이런 용어를 줄줄이 소개해봤자 말짱 황이다. 앞에 소개한 용어 자체가 이 책이 나올 쯤에는 이미 '흘러간 노래'가 될 테니까 말이다. 소위 신세대 용어는 숨 가쁘게 탄생하고 진화한다. 신세대조차도 따라잡을 수 없을 만큼 빠르게 소멸되며 새로운 것이 나타난다.

신세대는 이런 용어를 자연스럽게 구사하며 기성세대를 따돌린다. 자기들끼리 암호처럼 떠들면서 기성세대가 어리둥절해하는 모습을 통쾌하게 바라볼 것이다. 그러나 웃기지 마라. 그게 뭐 대순가? 말도 안 되는, 억지로 비틀고 조립하고 줄여서 만든 용어를 많이 안다고 잘난 것인가? 뭐가 달라지는가? 신세대 용어를 많이 알면 신세대인가?

더 웃기는 것은 신세대 용어를 배우겠다고 나서는 기성세대다. 신세대 용어를 메모하고 열심히 외우는 사람도 있는데 한마디로 한심스럽다. 자연스럽게 익숙해지는 것은 나쁠 게 없지만 기를 쓰고 배워서 뭐 하려고? 신세대 용어를 많이 알면 꼰대에서 벗어나 신세대가 되는가? 그래야 소통이 잘되는 건가?

오히려 기성세대가 최첨단(?)의 신세대 용어를 구사하면 왠지 징그럽다. 어울리지도 않고 천박해 보이기까지 한다. 기성세대가 신세대 용어를 줄줄 꿰면 새장의 앵무새처럼 보인다. 그 가상한 노력이 처량하게 보인다. 신세대 용어를 자유자재로 구사한다고 신세대가 알아주지 않는다. 면전에서는 감탄하며 인싸 취급을 해주는 것 같지만 돌아서면 오히려 혐오할지도 모른다.

더구나 어설프게 알아서 원래의 뜻과 빗나가게 사용하면 완전히 체면 구긴다. 몇 년 전, 이름난 야당 국회의원이 여당을 공격하면서 '달창' '문빠'라는 말을 뜻도 모르고 사용했다가 곤욕을 치르며 해명하는 일이 있었다. 자칫하면 영어로 "너 죽일 거다"라고 말한 것을 알아들은 척 "예스"라고 답하는 상황이 벌어질 수 있다.

아서라(신세대는 이 말을 아는지?). 기성세대든 신세대든 쓸데없는 짓을 멈춰라. 그런 것에 머리 쓰기에는 시간은 없고 할 일은 많다. 지금 신세대임을 자부하는 사람들도 불과 3~4년 후면 후배들의 용어를 모르게 될 텐데 언제까지 그까짓 신세대 용어에 매달릴 건가. 자연스럽게 익숙해졌다면 몰라도 구태여 공부까지 하면서 암기할 필요는 없다. 당당히 중심을 잡는 게 좋다. 거꾸로 생각해보라. 후배(신세대)는 선배(기성세대)가 사용하는 용어를 잘 알고 있는지 말이다.

괜찮다. 모르면 모르는 거다

우리나라의 인기 래퍼rapper 딘딘은 90년대생이니까 대표적인 신세대다. 그가 MBC 에브리원 퀴즈프로그램 〈대한외국인〉에 출연한 적이 있다(2019. 4. 3 방송). 우리나라에 살고 있는 외국인과 우리나라 사람이 퀴즈 대결을 하는 프로그램이다. 재기발랄한 딘딘은 '뇌섹남'의 면모를 잘 보여줬다.

그런데 흥미로운 장면이 나왔다. 고사성어를 맞히는 문제에서다. 그가 여러 힌트를 잘 조합해 정답 '가화만사성'을 맞췄는데 사회자가 "정답!"이라고 판정을 내리자 어리둥절한 표정을 지으며 물었다.

"그런데 그게 무슨 뜻이죠?"

맙소사! 힌트를 조합해 재치 있게 정답을 맞혔지만 정작 가화만사성의 뜻은 몰랐던 거다. 그 흔한 말을 처음 들어보다니. 시골 중국 음식점의 벽에도 걸려 있고 웬만한 가정의 가훈으로도 자주 쓰이는 말이지만 그는 몰랐던 것이다. 가화만

사성뿐만이 아니다. 기성세대에게는 일상적인 용어지만 신세대에게 "아니, 그것도 몰라?"라는 반문이 튀어나오는 경우는 많고도 많다. 그렇다고 그게 이상한 건가? 딘딘이 무식한 건가? 아니다. 모르면 모르는 거다. 그 이상도 이하도 아니다.

그러니까 기성세대가 신세대 용어를 모르는 거나 신세대가 기성세대의 일상용어를 모르는 거나 피장파장이다. 각자 자기의 상황과 세상이 있는 것이다. 그럼에도 상대를 힐난하거나 얕볼 필요는 전혀 없다. 그럴 수 있으려니, 이해하면 그뿐이다.

[휴대전화도 활용 못 하는 석학]

●

미국 UCLA의 재레드 다이아몬드^{Jared Diamond} 교수. 세계적인 베스트셀러 《총·균·쇠》의 저자라면 "아하!" 할 것이다. 그는 하버드대에서 인류학과 역사학을 전공하고 케임브리지대학에서 생리학 박사 학위를 받은 세계적인 석학으로 《문명의 붕괴》《어제까지의 세계》《대변동》 같은 명저를 집필했다. 몇 년 전 그가 우리나라에 왔을 때 인터뷰한 기자는 그의 모습을 이렇게 전했다.

"아직도 종이에 0.7mm 굵기의 샤프펜슬로 글을 쓴다. 그가 이용하는 유일한 디지털기기는 4년 전 구입한 아이폰. 전화 걸고 받고, 문자와 이메일을 보낼 순 있는데 사진 촬영과 인터넷 검색까지는 안 하고 있다."(〈조선일보〉 2019. 11. 1)

오늘날 우리의 일상과 가장 친밀한 디지털기기 휴대전화지만 여든의 나이를 훌쩍 넘긴 그에게, 다이아몬드라는 이름처럼 빛나는 그에게 "휴대전화도 제대로 활용할 줄 모르는 꼰대"라고 말할 사람은 없을 것이다.

31

꼰대는 죽지 않는다.
다만 사라질 뿐

미국의 전쟁 영웅 더글러스 맥아더 장군이 퇴임하면서 말했다.

"노병은 결코 죽지 않는다. 다만 사라질 뿐이다 Old soldiers never die.
They just fade away**."**

사람은 사라지지만 그 가치는 영속적이라는 의미에서 그렇게 말했을 것이다. 가치가 다르기는 하지만 꼰대 역시 죽지 않는다. 다만 사라질 뿐이다. 개인으로서의 꼰대는 직장을 떠나고 수명을 다해 세상을 떠날 것이다. 그러나 그가 떠나면 꼰대가 없는가?

그렇지 않다. 그의 뒤를 이어 줄기차게 꼰대가 나타난다. 지금의 신세대, 바로 당신이 그 바통을 이어받는다. 그럼으로써 꼰대는 결코 죽지 않는다. 사라질 뿐이다.

왜 꼰대는 죽지 않는가? 없어지지 않는가? 역설이지만 꼰대의 자생력 때문이다. 조직이 자연스럽게 꼰대를 만들어낸다. 그리고 세월이 흐르면서 각자가 자연스럽게 꼰대가 된다. 이는 필연적이요, 잘못된 것도 아니다.

우리는 자신이 꼰대가 되는 줄도 모르고 꼰대가 된다. 흉보면서 닮는다는 말이 현실화된다. 자신을 꼰대라고 생각하느냐는 질문에 "예"라고 답한 사람은 17.8%로 10명 중 2명이 채 안 됐다. 나머지 82.2% 중에 정말 '꼰대'는 없을까? 그중에도 '진상'과 '또라이'는 있을 것이다. 설령 자신이 꼰대가 됐음을 알게 되더라도 행동을 크게 바꾸지 않을 것이다. 자기 합리화를 할 게 뻔하다.

또라이 질량 보존(불변)의 법칙

'또라이 질량 보존(불변)의 법칙'이라는 게 있다. 표현은 유머러스하지만 음미해보면 나름의 의미가 있다. 어느 직장이든 또라이, 진상은 있게 마련이고 그 또라이가 다른 곳으로 옮기거나 퇴사하면 그동안 멀쩡했던 사람이 또라이 행태를 한다는 것이다. 인터넷에 떠도는 이 법칙을 좀 더 살펴보면 의미 있는 재미를 느끼게 된다.

첫째, 내 직장 상사 중에 또라이가 있다. 그래서 팀을 옮기면 그 팀에도 또라이 상사가 있다.

둘째, 만약 옮긴 팀의 상사가 조금 덜 또라이라면 대신 그런 사람이 여러 명 있다.

셋째, 내가 이를 악물고 버티면 그 또라이가 회사를 그만두는 기적이 일어날 수 있다. 그러나 새로 들어온 사람이 또라이다.

넷째, 또라이를 못 이겨 아예 회사를 탈출하면 새로 입사한 곳에서 더 형편없는 또라이를 만난다. 늑대를 피하다가 호랑이를 만나는 격이다.

다섯째, 다행히 내 주변에는 또라이가 없을 수도 있다. 그런 경우는 바로 내가 또라이다.

여기서 또라이는 상사를 말한다. 꼰대 상사다. 그러나 상사뿐일까? 빤대로 바꿔도 의미는 그대로다. 어디나 또라이가 있듯 어디나 그런 상사 또는 부하가 있게 마련이다. 학창 시절을 돌아봐도 그렇다. 말썽꾸러기가 학년이 올라가면서 다른 반으로 사라지면 엉뚱한 녀석이 말썽꾸러기로 등장하지 않던가. 그러니 꼰대도 없고 빤대도 없는 유토피아를 꿈꾸지 마라. 어쩌면 적절히 섞여 있는 게 세상의 균형일지 모른다.

내가 늘 강조하는 말이 있다.

"한문의 사람 인人자를 보면 긴 획과 짧은 획이 서로 의지하고 있다. 어느 한쪽이 없어도 균형이 깨지고 무너진다. 그것이 세상의 조화이자 이치다. 즉, 잘난 사람도 있고 못난 사람도 있어야 세상이다. 그러기에 못난 사람을 보고 흉을 볼 것도 무시할 것도 아니다. 어쩌면 그 사람 때문에 당신이 돋보일지 모른다."

또라이 상사를 옹호하는 말이 아니다. 너무 잘난 체하며 편협한 생각으로 사람을 무시하거나 눈 흘기지 말라는 것이다. 함께 가는 것이다. 꼰대니 뭐니 하는 것은 당신의 편협한 생각일 수 있다. 멀쩡한 상사와 기성세대를 그렇게 몰아붙이는 당신의 시각과 생각에 문제가 있을 수 있다.

　결코 죽지 않을 꼰대를 향해 속을 끓일 필요는 없다. 그들을 괜히 적대시할 이유도 없다. 어차피 그 지위(?)를 당신이 물려받고 채울 것이다. 차라리 자신이 삐딱한 시선을 가진 빤대가 아닌지를 점검하며 공존을 모색하는 게 현명하다.

32

빤대 되지 않기.
빤대 탈출 5계명

이제 세대론을 어떻게 이해해야 할지 상사나 선배의 입
장이 무엇인지, 특히 회사와 경영자의 입장을 충분히 이해할
수 있으리라 믿는다. 이번에는 지금까지 다룬 내용을 중심으
로 신세대로서 지켜야 할 덕목을 정리하는 의미에서 빤대가
되지 않으려면 어떻게 해야 하는지 살펴보겠다. 여러 요령과
방법이 있겠지만 많다고 좋은 것도 아니기에 핵심적인 덕목
5가지만 언급한다. 이름하여 5계명이라 해두자. 그것도 기억
하기 쉽게 '이·미·자·이·사'의 다섯 글자를 첫 글자로 해 계

명을 만들었다. '이미자(국민가수 이미자 선생을 떠올려도 좋고) 가 이사를 간다'고 외우면 쉽겠다.

(1) 이유 없이 삐딱하지 말기

청소년을 상징하는 말에 사춘기가 있다. 소년 소녀가 성장하면서 여러 호르몬 중 성호르몬이 두드러지게 분비되고 다양한 변화를 겪게 되는 시기다. 사춘기라면 오버랩되는 단어 중에 짜증, 반항, 다툼이 있다. 가장 대표적인 것은 아무래도 이유 없는 반항이다. 괜히 짜증이 나고 까닭 없이 부모에게 반항하는 것으로 사춘기가 시작된다.

그것은 일종의 성장통이다. 그것을 통해 성년으로 발달한다. 그런데 성년이 되고 직장인이 되고서도 사춘기 증후군이 남아 있다면 이거 문제다. 삐딱한 시선으로 세상을 보고 사람을 보며, 이유 없이 반항하게 된다면 아직 성장을 덜한 것이다.

신기하게도(?) 삐딱한 사람은 얼굴에서, 인상에서, 자세에서 그것이 드러난다. 인상은 심상心狀이기 때문이다. 강의를 해보면 많은 청중 중에서 삐딱한 사람을 어김없이 찾아낼 수 있다. 그런 이는 질문을 해도 삐딱하다. 말의 내용도 그럴 뿐 아니라 말투나 자세, 표정까지 반항적이고 냉랭하다. 중요한 사실은 그렇게 삐딱한 사람은 그의 인생 자체가 삐딱하게 꼬인다는 점이다.

과학적 증거냐 있냐고? 경험은 과학 이상이다. 주위 사람 중에 삐딱한 인물을 떠올려보라. 늘 반항적이고 사사건건 트집 잡기를 좋아하는 사람, 그가 어떻던가? 굉장히 똑똑한 사람이던가? 문제의식이 있고 개혁적이고 창의적이던가? 아닐 것이다. 모든 것을 부정적으로 보며 무조건 거부하는 사람이 틀림없을 것이다. 자기 몫도 제대로 못 하는 사람이 남의 일에 게거품을 뿜어내는 경우가 많을 것이다.

결코 삐딱한 사람이 되지 마라. 삐딱한 것도 습관이요, 버릇이다. 때로는 기질이다. 그런 사람들은 기본적으로 성격 자체가 독특하다는 연구 결과도 있다. 사사건건 부정하고 저항하고 삐딱하다면 그 사람의 장래는 결코 밝지 않다. 직장 내에서 설 자리를 찾기 어렵다. 늘 아웃사이더로 있다가 퇴직할 확률이 매우 크다. 그리고 인생 자체가 삐딱하게 빗나갈 확률 또한 커진다.

(2) 미래에서 오늘을 보기

젊은 날에 나는 반항적이었다. 대학 시절에는 교수님들의 신경을 자극했고 직장 생활 초년에는 상사에 대한 뒷담화를 즐겼다. 돌아보면 참 쑥스럽다. 교수님과 상사들이 나를 얼마나 같잖게 봤을까 얼굴이 화끈거린다.

지금 당신은 어떤가? 상사에게 호의적인가? 더 나아가 충성하는가? 지금의 당신이 훗날 어떻게 보일지 상상해보자. 한 번쯤 미래로 날아가 보자. 머릿속 상상으로 말이다. 20년이나 30년 후로 가는 것도 좋지만 너무 멀리 갈 필요도 없다. 5년이나 10년 후만 상상해도 충분하다. 그때로 가서 오늘을 보라. 그때는 회사에서 어떤 위치에 있을 것 같은가. 그것을 상상하라.

그 지위에서 지금의 당신을 보라. 당신과 꼭 같은 젊은 세대를 보라. 어떻게 보일까? 어떤 생각을 할까? 유능하게 볼까? 아니면 젊은 날의 객기와 오기와 편견으로 결정적 잘못을 남기고 있는 것은 아닐까? 미래에서 오늘의 나를 들여다보며 이런 질문을 던져보자

"나는 누구인가?"

"나는 왜 이 자리에 있는가?"

"나는 어떻게 일하고 있는가?"

"나는 어떻게 살고 있는가?"

"나는 회사에 충성하고 있는가?"

"나는 사람에게 잘하고 있는가?"

"이대로 가면 어떻게 될까?"

미래에서 오늘을 보면 함부로 말하지 못한다. 글 하나라도 함부로 쓸 수 없다. 사람과 세상을 향해 좀 더 겸허해질 수 있다. 그러지 않으면 훗날 땅을 치며 후회하기 때문이다.

(3) 자신이 보잘것없는 존재임을 알기

젊은 날에는 자기가 세상의 기준이요, 심판관이라도 되는 듯 착각하기 쉽다. 이유 없는 반항, 괜한 삐딱함은 바로 그것에서 나온다. 다른 말로 표현하면 건방지기 때문이요, 거꾸로 말하면 겸손을 모르기 때문이다. 겸손하지 않다는 것은 세상이 무서운 줄 모른다는 의미도 된다. "하룻강아지 범 무서운 줄 모른다"라는 말이 있다. 바로 지금의 당신이 하룻강아지 범 무서운 줄 모르고 있는 게 아닐까.

젊음은 혈기 왕성하다. 아직 덜 성숙한 것이다. 그래서 무모할 수 있다. 그러기에 사람을 깔볼 수 있다. 그 위험성을 스스로 인식하고 언행을 조심해야 한다. 자신만만한 것만큼 겸손해야 한다. 상사나 선배를 따뜻한 눈으로 보고 이해하려고 노력해야 한다.

후줄근한 상사의 모습이 어쩌면 가족을 부양하는 성실한 가장의 모습일 수 있다. 상사 앞에서 굽실거리는 선배의 태도가 어쩌면 참고 인내하는 성숙한 자세일 수 있다. 불평불만 없이 야근을 수용하는 선배의 자세가 어쩌면 회사의 어려움을 자기 것으로 받아들이는 애사심일 수 있다. 후배에게 이래라저래라 잔소리가 많은 것은 순간의 실수가 모든 것을 앗아갈 수 있다는 경험에서 나온 지혜일 수 있다.

상사가 우습게 보인다면 당신의 생각에 문제가 있는 것은 아닌지 돌아보라. 선배가 시답지 않게 보인다면 당신의 시각에 문제가 있는 것은 아닌지 반성해야 한다. 그 상사, 그 선배에게도 나름의 세계가 있음을 상상할 수 있어야 한다.

겸손하라. 겸손이란 자기를 낮추는 것이 아니라 자기의 '위대함'이 얼마나 보잘것없는 것인지를 아는 것이다. 겸손은 의도적으로 자신을 낮추는 것이 아니다. 그러면 위선이 될 수 있다. 위선은 또 하나의 교만이다. 그보다는 자신의 젊음, 지위나 학벌, 내세울 만한 지식이나 자랑거리, 심지어 위대함조차도 얼마나 보잘것없는 것인지를 진심으로 아는 것, 그것이 겸손이다. 겸손하면 스스로 낮아질 것이요 타인을 대하는 태도가 확연히 달라질 것이다. 그러면 세상이 바로 보이고 처신의 요령이 보인다.

(4) 이상과 현실을 직시하기

세상에는 별사람이 다 있다. 좋은 사람들이 모인 유토피아를 꿈꾸지만 그런 회사는 없다. 상사가 위대한 현인이거나 영웅이기를 기대하지 말라. 당신과 같은 수준의 사람이라고 보면 틀림없다. 당신과 마찬가지, 거의 비슷한 능력으로 회사에 들어왔고 세월이 지나면서 승진했을 뿐이다. 꼭 탁월해야 승진하는 것도 아니며 뛰어난 사람이 경영자가 되는 것도 아니다. 때로는 사내 정치에 뛰어난 사람, 반항하지 않고 순응한 사람이 좋은 자리를 차지하기도 한다.

다른 부서의 팀장, 아니 다른 회사의 상사는 참 멋지고 훌륭한 것 같은데 왜 우리 팀장, 우리 회사 상사는 꼰대인지 의

아하게 생각하지 마라. 세상에 이름난 직장, 방송이나 잡지에 특집으로 소개된 회사와 인물도 실상을 파고들면 실망스러운 경우가 대부분이다. 왜 그런지는 기사를 쓴 기자나 방송작가의 입장이 돼보면 이해할 수 있다.

기사를 쓰고 대본을 쓰는 사람은 어떻게 써야 사람들의 이목을 집중시킬 것인지 궁리한다. 독자나 시청자의 관심을 끌어 대박을 터뜨리기 바란다. 그러다 보니 알게 모르게 각색하게 되고 과장하게 된다. 그리하여 자연스럽게 '소설'을 쓰고 신화를 만드는 것이다.

사람이란 다 그렇고 그렇다. 오십보백보다. "측근에게 영웅은 없다"라는 말이 있다. 바로 옆에서 그 사람을 상대해본 사람에게는 그가 결코 영웅이 아니라는 말이다. 그냥 보통 사람이 어쩌다 그 역할을 잘한 경우가 많다. 정말 영웅이라면 영원히 영웅이어야 하지만 한때 영웅이었다가 말년에 망한 사람이 얼마나 많던가.

그러니 이상과 현실을 헷갈리지 마라. 이상과 현실은 다르다. 결국 당신이 하기 나름이다. 당신이 어떻게 하느냐에 따라 좋은 상사가 될 수도 있고 아닐 수도 있다. 해답은 당신에게 있다. 그것을 인정해야 문제해결의 길이 보인다.

(5) 사람의 소중함을 알기

직장인이 한 달 동안에 새롭게 알게 되는 사람의 수는 대략 5명 정도라고 한다. 1년이면 60명이고 20년쯤 직장 생활을 했다면 1,200명, 30년 정도 지났다면 1,800명 정도 될 것이다. 지금 당신의 휴대전화에 입력된 전화번호의 수와 거의 맞아떨어질 수 있다. 그러나 그것은 단지 알고 지내는 사람의 수에 불과하다. 소위 인맥이 될 수 있는 숫자는 훨씬 줄어든다.

옥스퍼드대 인지 및 진화인류학 연구소 소장을 지낸 진화심리학자 로빈 던바Robin Dunbar는 아무리 마당발이라도 진정한 사회적 관계를 맺어 인맥이 될 수 있는 최대치는 150명에 불과하다고 했다. 이것이 그 유명한 '던바의 수Dunbar's number'다.

그렇다면 던바의 수와 당신의 인맥을 비교해보자. 150명이 되는가? 그렇다면 당신은 마당발 수준이다. 실제로는 훨씬 적은 사람과 사귄다. 직장으로 범위를 좁히면 더 줄어든다. 예컨대 30년 정도 직장 생활을 하면서 함께 일한 직속 상사는 45명 정도에 불과하다는 게 나의 계산이다. 실제로 당신이 직장 생활을 하면서 직접 모셨던 상사의 수가 얼마나 되는지 계산해보라. 의외로 많지 않음을 알게 된다. 그런데 그 인연을 살리지 못하고 건성으로 알고 지내거나 심지어 등을 돌린다? 이거야말로 세상살이의 이치를 전혀 모르는 바보짓이다.

"어리석은 사람은 인연을 만나도 인연인 줄 모르고, 보통 사람은 인연인 줄 알고도 그것을 살리지 못하며, 현명한 사람은 소매 끝만 스쳐도 인연을 살려낸다"라는 말이 있다. 필연이든 우연이든 직장에서 만난 상사와 선배와의 인연을 잘 살려내고 관리하라. 그들이야말로 당신의 인생을 좌우할 결정적인 사람들이다. 그 인연을 무시하면서 페이스북 등 SNS에서 친구를 만들기 위해 애쓴다면 이건 웃기는 거다.

인연의 소중함을 안다면 괜히 삐딱하지도 까탈스럽지도 않을 것이고 함부로 사람을 평가할 수도 없다. 당신의 소중한 인연은 바로 지금 당신 앞에, 당신과 함께 있음을 깨달아야 한다.

제4부

꼰대지수 낮추기
함께 갑시다

신세대가 기성세대를 회피하려고 할수록 자주 어울려야 한다. 함께해야 한다. 여러모로 서로 다른 사람이라도 같이하면 이해하게 되고, 함께하면 공감하게 된다. 그것이 같이의 가치다. 세대 간에 간극이 크다고 해서 외면하고 멀어질수록 정도 멀어지고 문제해결 역시 멀어진다. 나중에는 정말이지 돌이킬 수 없는 상황이 될 수도 있다.

세대론의 궁극적인 지향점은 갈등을 고조시키는 것이 아니다. 신세대와 기성세대 간의 투쟁을 부추기는 것도 아니다. 어느 한쪽을 나무라는 식이어서는 안 된다. 그럼에도 지금까지 많은 세대론이 기성세대를 힐난하는 식이었다. 일방적으로 코너로 몰아넣었다. 그래서는 안 된다. 신세대가 기성세대를 이해해야 하듯이 기성세대 또한 신세대를 어떻게 수용할 것인지 고민해야 한다. 함께 가기 위해서다.

33

꼰대의 함정에
빠지지 않기

지금까지 세대론을 전개하면서 신세대들이 어떻게 직장 생활을 해야 할지, 상사와 선배를 어떻게 이해하고 존중해야 할지를 다루었다. 아울러 이유 없는 반항과 삐딱함을 벗어나 젊은이다운 젊은이가 되되 빤대가 돼서는 안 되는 이유도 알아봤다. 신세대에 대한 조언과 권고가 큰 흐름이라 할 수 있다.

하지만 기성세대가 "거봐라!"라며 좋아할 것은 없다. 새로운 시각에서 세대론을 다루지만 기성세대를 무조건 옹호하고 대변하려는 게 아니다. 주장의 목적은 기성세대를 위함이 아니라 신세대가 자기 자신은 물론 기성세대를 바로 앎으로 써 성공적인 직장 생활을 영위하게 하는 데 있다.

이제부터는 기성세대가 꼭 마음에 담아야 할 것들을 다뤄 보고자 한다. 이유는 3가지다. 첫째는, 백지장도 맞들면 낫고, 윈윈 전략이라는 말도 있듯 기성세대와 신세대가 함께 마음 을 합해야 회사가 잘 굴러가기 때문이다. 둘째는, 기성세대가 조금만 더 신경 써서 처신한다면 젊은 청춘들이 삔대로 흐르 는 것을 막을 수 있을 뿐만 아니라 세대 갈등을 줄일 수 있기 때문이다. 셋째는, 젊은 세대도 불과 몇 년 후면 기성세대가 될 것이기 때문이다. 그때 후배나 부하로부터 꼰대라며 무시 당하지 않으려면 젊은 날에 미리미리 자신을 잘 다듬어 체질 화해놓을 필요가 있다. 이미 사고방식과 행동이 굳은 상태에 서 리더가 되면 그때는 늦을지 모른다.

왜, 리더가 되면 꼰대가 될까?

2019년 새해를 열며 최태원 SK그룹 회장은 신년회에서 이렇게 당부했다.

"지위가 올라갈수록 자리와 권위를 생각하는데 그렇게 꼰대가 되면 성숙도가 떨어진다. 임원부터 꼰대가 되지 말고 희생해야 행복한 공동체가 된다(〈중앙일보〉 2019. 7. 27, 최태원 '꼰대 임원제도와 전쟁' …부사장·전무 없앤다)."

최 회장의 당부에서 기업마다 세대 갈등이 얼마나 현실적인 과제인지가 엿보인다. 리더 그룹이 꼰대가 되는 상황을 크게 우려하고 있다는 것인데 특히 꼰대를 벗어나야 직장이 행복한 공동체가 된다는 말이 마음에 와닿는다. 앞에서 심리학자 스탠리 홀이 외동아이는 '질병 자체'라고 말했듯이 꼰대질 역시 질병이요, '진짜 꼰대'는 일종의 환자임에 틀림없다. 그렇다면 왜 리더가 되면 많은 이가 그 질병에 감염되는 걸까?

일단은 '세월'이 꼰대가 되는 가장 큰 요인이라 할 수 있다. 세월이 흐르고 경험이 쌓이면서 자신도 모르게 변한다. 이 부분에 대해서는 앞에서 여러 번 언급했다. 여기서는 리더라는 '자리' '위치' '지위'가 왜 꼰대를 만드는지에 대해서 설명하겠다. 결론적으로 말하면 자기 확신이 강해지고 자기도취에 빠지기 때문이다. 그럼으로써 자만하고 교만해진다. 그것이 '세월'과 융합(?)되면서 꼰대 기질을 강화하는 것이다.

맨프레드 케츠 드 브리스Manfred Kets de Vries는 《리더의 마음》(윤동준 옮김, 생각의서재, 2019)에서 리더의 여러 가지 심리를 설명했는데, 리더가 되면 '나르시시즘'에 빠짐으로써 부하들의 정당한 요구를 무시하며 충성심을 강요한다는 것이다. 그래서 오만해지고 독선적으로 변한다고 했다. 때로는 균형감을 잃거나 비이성적으로 행동하며, 항상 다른 사람(특히 팔로워)의 잘못을 찾으려 든단다.

반면에 자신의 잘못은 인정하지 않거나 작은 실수 정도로 넘기려 한다. 자기 확신이 강해지면서 모든 결정을 자신이 내리려 하고 끊임없이 자랑하며 주목받기를 바란다는 것이다. 동의하는가?

리더가 되면 그 자리에 올라선 것이 자기의 방식이 옳기 때문이라고 믿게 되고 경우에 따라서는 운명적으로 선택받은 사람이라는 착각에 빠지기도 한다. 이때부터 리더는 꼰대의 영역에 발을 담근다고 보면 된다. 즉, 리더로서의 교만과 자만, 그리고 확신이 언행으로 나타나면 팔로워로서는 그것을 심각한 꼰대질로 받아들이기 십상이다.

리더가 교만해지는 것을 과학적으로 설명한 사람도 있다. 아일랜드 더블린트리니티대 심리학과의 이안 로버트슨Ian

Robertson 교수는 보스나 리더가 되면 그가 얻게 된 권력이 뇌에서 도파민 수치를 높여 뇌의 화학적 작용을 바꿔놓는다고 했다. 그렇게 되면 사람이 똑똑해지고 목표에 집중하게 되지만, 한편으로는 냉혹하고 위선적인 성격이 돼 판단력이 흐려진다. 도파민 증가가 이기심과 위선을 강화하며 자만해지고 남을 괴롭히는 경향을 보이는 부작용을 낳는다. 특히 자신이 직위에 걸맞은 능력이 없다고 느낄 때 직원들을 더욱더 괴롭히게 된다는 것이다(〈매일경제〉 2013. 11. 8).

이 때문에 리더가 되면 사람이 변한다. 젊은 날에는 상사의 못된 기질과 성격을 비판하던 총명한 사람이 꼰대의 함정에 빠진다. 거기에다 그가 천재성이 있다거나(물론 빗나간 천재성이다) 소위 좋은 스펙을 갖고 있다면 꼰대질은 안하무인의 정점을 향해 달릴 것이다. 이른바 '리더의 저주'다.

리더가 교만의 함정, 리더의 저주에 빠지지 않고 꼰대의 길로 접어들지 않으려면 항상 자신이 젊었을 때를 돌아보며 팔로워의 입장과 생각을 읽어야 한다. 또한 자신이 리더의 지위에 오른 것이 자신의 탁월성 때문이 아니라 여건과 주위의 도움, 그리고 세월의 흐름 덕분일 수 있음에 눈떠야 한다. 항상 겸손함을 유지하려는 의지가 있어야 한다. 역지사지와 겸손이야말로 꼰대의 함정에 빠지지 않는 좋은 방법이다.

[좋은 어른이 되는 길 - '꼰대' 되지 않기]

●

"야! 물수건 좀 빨리 가져와."

식당에서의 일이다. 위풍당당하게 생긴 신사(?)가 종업원에게 소리친다. 아르바이트생일 것 같은 앳된 젊은이다. 그의 위세에 풀이 죽은 듯 종종걸음으로 사라지는 뒷모습이 힘겨워 보였다. 그는 무슨 생각을 하고 있을까? 입맛이 씁쓸해진다. 취업이 어렵다는 요즘에, 그리고 일자리가 있어도 3D 업종에는 취업하지 않으려는 세태에 음식점에서 성실히 일하고 있는 젊은이를 더 따뜻하고 살갑게 대할 수는 없는가 싶어서다.

식당에서만이 아니다. 도처에서 '꼰대질'과 '갑질'의 현장을 발견한다. 상대가 젊거나 앳되다는 이유 하나로 다짜고짜 닦달을 내고 하인 다루듯 반말지거리를 해대는 사람이 많다. 세상을 살 만큼 산 사람들이.

나의 아버지는 반말을 하지 못하셨다. 언제나, 누구에게나 존댓말을 사용하셨다. 심지어 나의 친구에게조차 존대를 하셨다. 대학 시절, 나는 아버지에게 그 연유를 물어본 적이 있다. 왜 나의 친구들에게도 존댓말을 하시냐고. 그때 빙긋이 웃으며 하신 말씀.

"존댓말이 듣기에 좋지 않니?"

그 말씀이 뇌리에 깊이 새겨졌다. 그래서인지 나 역시 반말에 익숙하지 않다. 오랫동안 함께 일했던 후배에게도 웬만해서는 반말을 하지 않는다. 사정이 이러니, 나이가 더 많다거나 상사라는 이유 하나로 남에게 다짜고짜 반말지거리를 하는 사람을 이해하기 어렵다.

요즘이 어떤 세상인가? 갓난아이에게조차 교육적 차원에서 존댓말을 하는 부모들이 많다. 그런데 나이가 많다고 아무에게나 반말을? 그러기에 '꼰대'라는 말을 듣는 것이요, 젊은 세대에게 존경받지 못하는 것이다.

국립수목원장을 인터뷰한 기사를 봤다. 마음을 끄는 말이 있었다. 봄이 돼 꽃을 보고 있으면 어떤 생각이 드냐는 기자의 질문에 L 원장이 답했다.

"제가 오십 중반이 되니까… 사람은 나이 들어도 좋은 어른이 되는 게 쉽지 않은 것 같습니다. 오히려 각박하고 고집스러워지죠. 하지만 오래된 고목에서는 봄이면 아주 여린 새순과 아름다운 꽃이 나와요(〈조선일보〉 2017. 4. 10, 최보식이 만난 사람)."

고목에서는 새순과 아름다운 꽃이 피는데 사람은 그렇지 못하다니. 많은 생각을 하게 한다. 어른이 된다는 것은 무엇인가. 나이 드는 것에 비례해,

더 배려하고 더 이해하며 더 겸손해지는 것이 아닐까? 나이 들었다고 모두

어른이 되는 것은 아니다. '꼰대'가 되지 않고 좋은 어른이 되는 길이 무엇

인지 한 번 더 새겨보자.

34

꼰대 예방과 치유의
확실한 처방
'우·황·청·심·원'

어떻게 하면 젊은 세대, 젊은 후배로부터 '꼰대' 소리를 듣지 않고 좋은 상사나 선배로 인정받을 수 있을까? 아마 요즘의 기성세대는 은연중에 그런 평가에 신경을 쓸 것이다. 그래서인지 책이나, 신문, 방송, 인터넷, 심지어 TV 연속극에서조차 자신이 꼰대인지 아닌지를 진단해보는 체크리스트가 소개되고, 꼰대 방지 또는 꼰대 탈출을 위한 '계명'을 알려주고 있다.

모두 맞는 말이요, 좋은 진단이기는 하지만, 솔직한 소감을 말하라면 대부분의 처방이 실효성을 의심하게 한다. 예컨대 '서로 논조가 다른 두 종류 이상의 신문을 읽으라'거나 '과음·과식을 피하고 체중을 관리하라'는 등의 계명도 있는데(〈헤럴드경제〉 2014. 5. 16), 그렇게 하면 과연 꼰대가 안 되는 건지 머리를 갸우뚱하게 된다. 또는 '존경은 권리가 아니라 성취다(tvN, 〈어쩌다 어른〉 2015. 12. 10)'라는 등의 철학적(?) 조언은 과연 무엇을 어떻게 하라는 건지 알쏭달쏭하다.

이에 대해 적지 않은 시간을 탐구한 나는 블로그와 유튜브, 그리고 책을 통해 나름의 기준을 지속적으로 발표한 바 있다. 덕분에 그것들을 다시 취합하고 조정·보완해 직장인이 꼭 실행해야 할 꼰대 방지의 요령을 완성했다.

이것을 만들 때 마음에 두었던 기준은 현실적이면서도 핵심을 찔러야 한다는 것이었다. 그리고 아무리 좋은 계명이라도 시시콜콜 많은 것을 다루면 기억하기도 어렵고 적용하기도 쉽지 않을 것이므로 어떻게 하면 쌈박하게 만들 것인가를 고민했다. 그렇게 해서 탄생한 것이 5계명 '우·황·청·심·원'이다.

특정 회사의 약품을 선전하는 게 아니다. 잘 알다시피 '우황청심원'은 조선시대의 명의 허준이 쓴 《동의보감》에 나오는 명약 처방이다. 그리고 신약에 비해 전통의 냄새, 즉 꼰대의 분위기를 풍기는 이름이다. 그래서 꼰대를 위한 처방으로 제격이라는 생각이 든다. 무엇보다도 이 계명은 절대 잊지 않을 것이라는 점이 최고의 강점이다. 자화자찬이 아니다. 다음을 읽어보면 동의하리라 믿는다.

제발이지, 당신보다 젊은 세대나 후배를 상대할 때는 얼른 '우황청심원'을 떠올리고 이 5가지 기준으로 체크 또는 제어하면서 말하고 행동하기를 권한다. 그러면 당신은 손가락질받지 않는 기성세대, 멋진 선배, 훌륭한 상사가 될 것이다. 꼰대 증후군을 확실히 예방하거나 떨쳐낼 수 있음을 보증한다. 잊지 마라, 최고의 명약 처방 '우·황·청·심·원'이다.

(1) 우월적 지위는 잊어라

기성세대의 눈살 찌푸리는 언행은 우월적 지위에서 나온다. 우리나라처럼 장유유서와 직위에 따른 서열 의식이 강한 분위기에서는 더욱 그렇다. 그러니 상사거나 나이가 많으면 대뜸 반말지거리를 한다. 마치 서열이 반말 면허증이라도 되는 듯이.

그뿐이면 양해할 수 있다. 그것에 덧붙여 훈계하고 가르치려 하고 그게 심해지면 드디어 황당한 '갑질'의 추태를 보인다. 신세대로부터 비난받지 않으려면 뭐니 뭐니 해도 나이나 직위에 따른 우월적 지위를 잊는 것이다. 동등하고 평등하다는 생각이 없으면 당연히 비난받게 된다.

이와 관련해 강한 인상을 받은 사람이 있다. 데이비드다. 그를 만난 건 MBC 에브리원 채널의 〈어서와, 한국은 처음이지?〉 화면을 통해서다. 인기가 있는 방송이었는데 그중에서도 최고의 시청률을 보인 에피소드 중 하나가 '영국 친구들 편'이었다. 멤버의 구성부터가 이전과 달랐다. 동년배의 청년들로 구성된 다른 팀에 비해 영국 팀에는 65세의 주름살 깊은 데이비드 씨가 끼어 있었다.

한국에서의 일정에 돌입하자마자 체력이 달리는 듯 혼자 숙소로 돌아가 누워 있을 때는 "에고, 저러니까 젊은이들이 노인을 멀리하지"라며 걱정했는데, 웬걸? 시간이 지날수록 연륜에서 우러나는 내공과 지혜가 돋보였다. 그에게서 많은 걸 배울 수 있었다.

무엇보다도 눈길을 끈 것은 젊은이들과의 소통이다. 한 세대의 차이가 나는 아들 친구들과 함께하면서도 어른이라고 대화를 독점하지 않았고, 훈계하거나 가르치려 하지 않았다. 나이를 초월한 친구의 입장에서 웃고 토론하고 의견을 나누며, 때로는 미안해하고 사과하는 등 소통이 무엇인지를 한 수 배울 수 있었다.

고속도로 휴게소에서 식사를 한 후 "물 가져다줄까?"라며 자리에서 벌떡 일어나 마치 자신이 막내라도 되는 듯 행동하는 장면에서는 세대 간에 장벽 없이 어울리려면 기성세대가 어떻게 행동해야 하는지 알 수 있었다.

또 하나, 꼰대 탈출의 조건으로 종종 거론되는 유머 감각이다. 영국인들의 유머 감각은 세계적이라 했는데 그를 통해 확인할 수 있었다. 함께 온 젊은이가 장교 시험에 합격했다는 통보를 받았을 때 "이건 영국 군대가 축하받아야 할 일"이라고 재치 있는 유머로 치켜세우거나, 한우의 맛에 푹 빠진 그가 딱 한 점 남은 고기를 젊은이에게 양보하며 "자네가 먹어, 거기 자네 이름이 쓰여 있어"라고 말할 때 등등 일일이 열거할 수 없을 정도로 줄기차게 고품격 유머를 보여주며 청년들을 압도했다.

그는 정말 매력 있는 노인이요, 기성세대였다. 얼굴에는 인생의 연륜과 그늘(아들이 몽블랑 탐험 중에 사망했기에 아들을 대신해 한국에 온 것이다)이 짙게 자리 잡고 있었지만 우리가

248

어떻게 늙어야 하는지를 되새겨보게 했다. 노후에 관한 장광설이나, 세대 극복에 관한 책 한 권을 읽는 것보다도 훨씬 가슴을 파고들었다. 나이가 든다는 것이 늙는 게 아니라 익어가는 것이라는 노랫말이 실감나게 다가왔다. 그를 통해 우월적 지위를 잊는다는 것이 무엇인지 한 수 배우게 된다.

(2) 상황이 변했음을 알라

A은행 지점의 창구에서 있었던 일이다. 고객과 직원 사이에 언쟁이 벌어졌다. 화가 난 고객은 지점장을 찾아 불만을 토로했고 지점장은 직원을 대신해 정중히 사과했다. 그러나 아직도 성이 덜 풀린 고객은 창구 직원에게 직접 사과를 받고 싶어 했다. 할 수 없이 지점장은 직원을 불러 고객에게 사과할 것을 종용했다. 그러자 젊은 직원은 말도 안 된다는 표정으로 퉁명스레 말했다.

"제가 잘못한 것이 없는데 왜 사과를 합니까?"

상황이 이렇게 되자 고객이 자리에서 벌떡 일어나 나가버렸다. 판이 완전히 깨진 것이다. 고객이 돌아간 후 지점장이 직원을 불러 조용히 타일렀다.

"상대가 고객이니까, 일단 사과해서 사태를 수습하는 게 맞는 거다. 고객과 잘잘못을 따져 뭐 하겠다는 건가?"

그러나 젊은 직원은 요지부동이었다.

"내가 뭘 잘못했나요? 그 사람이 문제예요. 사과할 이유가 없어요! 잘못한 게 없는데 왜 사과하죠?"

세상이 변했다. 상황이 달라졌다. 기성세대가 젊었을 때와는 완전 딴판이다. 상황이 바뀌었음을 뼈저리게 깨닫고 신세대를 대해야 한다. 그런 신세대에게 "내가 입사했을 때는…" "예전에는 말이야…" "왕년에…" 이런 식의 대화 패턴이 먹히기는 힘들다. 따라서 생각의 패턴이 전혀 달라진 신세대를 어떻게 이해하고 존중해야 할지 심각한 고민이 있어야 한다. 그러지 않고 자신의 가치관을 주입시키려고 하면 꼰대라는 손가락질을 받을 수밖에 없다.

한 세대라면 예전에는 30년을 말했다. 요즘은 어떤가? 세 살 차이만 나도 세대 차이가 난다고 할 정도로 세상이, 상황이 정신없이 급변하고 있다.

직장에 들어와 눈 깜짝할 사이에 4~5년이 지나면 당사자는 아직도 신세대라는 기분으로 새로 들어온 신입사원을 대하지만 자칫 잘못 처신하면 신입사원의 눈에 그마저 꼰대의 너저분한 언행으로 보인다. 하물며 50대 간부라면 어떻게 느껴질지 입장을 바꿔서 생각해야 한다.

(3) 청년 시절을 돌아보라

꼰대질을 하지 않는 좋은 방법의 하나는 자신의 젊은 날을 돌아보는 것이다. 당신이 신세대 젊은이였을 때 기성세대를 어떻게 보고 어떻게 평가했는지를 곰곰이 되돌아보자. 옛날로 돌아가 보라. 신입사원일 때 상사나 선배가 어떻게 보였는가? 그들의 행태, 그들의 생각과 언행에서 무엇이 답답했는지, 어떤 것이 당신을 분개하도록 했는지 돌아보라. 어떤 상사, 어떤 선배를 경멸했는지, 어떤 사람을 존경했는지 생각해보라.

그리고 지금의 당신과 비교해보자. 아직도 젊은 날의 그 정의로움과 깔끔함과 신선한 시각과 생각이 있는지를, 아니면 흉보고 욕하면서 닮아버린 것은 아닌지도 체크해보자. 나는 나중에 절대 저렇게 하지 않겠다고 다짐했던 것이 있으리라. 그것을 되살려보라. 그러면 지금 어떻게 말하고 행동해야 할지 답이 나온다.

신세대 사원에게 말하기 전에 잠시 생각해보라. 섣불리 말하지 말고 한 박자 늦게 말하라. 생각나는 대로 조급히 말하면 후회를 남긴다. 말하기 전에 상대가 그것을 잔소리로 받아들이지는 않을지, 괜한 참견과 간섭은 아닌지, 쓸데없는 노심초사는 아닌지 한 번 더 생각하라. 행동하기 전에 이것이 꼰대질인지 아닌지 판단해보라.

신세대인 상대 입장에서, 그리고 당신의 젊은 날의 입장을 비교해보라. 청년 시절의 시각에서 당신을 보라. 그러면 답이 나온다.

당신이 신세대라면 '내가 훗날에 나이 들고 리더가 됐을 때 저것만은 절대 하지 않겠다' 하고 다짐하는 것들을 기록해두기를 권한다. 물론 세월이 흐르면서 그중 어떤 것은 잘못 판단한 것임을 깨닫게 되는 경우도 있을 것이다. 그럼에도 다짐을 하며 직장 생활을 하는 사람과 아닌 사람의 차이는 하늘과 땅이다. 그렇게 초심을 다짐하고 기억하며 리더가 된다면 당신은 분명 신세대 후배와 부하가 따르고 존경하는 리더로 성장할 것이다.

(4) 심판하지 마라

나이 들거나 지위가 올라가면 자신도 모르는 사이에 심판관 노릇을 하려 한다. 하긴 신세대라고 해서 예외는 아니다. 우리는 너나 할 것 없이 다른 사람의 언행, 판단, 일에 심판관이 되는 경우가 많다. 자기의 의견, 판단, 시각이 옳다고 생각하는 착각에 빠지기 때문이다.

"그건 네가 잘못했어." "그건 그렇게 하는 게 아냐." "말도 안 되는 소리." 심지어 "잘했군"이라는 칭찬도 경우에 따라서는 자기 주관에 입각한 심판관으로서의 언사가 될 수 있다. 이렇게 되면 나이의 많고 적음을 떠나 훈수가 되며 꼰대질이 되기 십상이다.

'이유 충족률'이라는 것이 있다. 어떤 현상에는 그렇게 될 만한 '이유'가 있어서 그렇게 된다는 것이다. 마찬가지로 기성세대의 눈에는 신세대의 행태가 설익고 어설픈 '어린 사람'의 그것으로 느껴질지 모르나 그들도 생각이 있고 판단이 있어서 그렇게 말하고 행동한다. 그것을 믿어야 한다. 그러면 남의 말과 행동을 함부로 재단하지 못한다. 그럴 만한 사정과 이유가 있어서 저렇게 할 것이라고 존중하게 된다. 적어도 심판관 노릇은 피할 수 있다.

아무쪼록 심판관이 되지 마라. 상대와 함께 고민하고 자신의 의견을 겸손하게 전달하는 정도에서 그쳐야 한다. 더구나 시시각각 변하는 요즘 세상이 어떻게 돌아가는지도 모르고 자기가 세상의 기준인 양 말한다면 어쩔 수 없이 꼰대다.

(5) 원칙을 지켜라

"요즘 신세대는 어떻게 대해야 할지 모르겠어요."

"자칫하면 갑질이니 꼰대짓이니 하는데 어떻게 처신하는 게 좋을지."

"어떻게 하면 상사로서, 리더로서 존경받을 수 있을까요?"

그런 말을 들을 때마다 내가 내리는 처방은 간단하다. 철저하게 원칙을 따르라고 조언한다. "젠장, 그게 무슨 처방인가?"라고 볼멘소리를 하는 사람도 있을 것 같다. 그러나 곱씹어보며 잘 생각해보라. 꼰대질이란 결국 원칙을 벗어나고 사리에 어긋나는 말과 행동에서 비롯됨을 깨닫게 될 것이다.

꼰대질이란 원칙을 벗어난 행태다. 그러니 당신이 어떤 말과 행동을 할 때는 이것이 원칙에 따른 것인지 아닌지를 판단하면 된다. 예컨대 아무리 나이가 적은 신세대라 하더라도 인사 청탁을 한다면 그 자체가 꼰대짓이다. 젊은 사람 중에도 일 처리에 있어 편법과 요령으로 해치운 것을 무용담처럼 자랑스레 말하는 이가 있는데 그쯤 되면 그는 확실히 꼰대다.

마찬가지로 상사가 부당한 지시를 내린다면 그 또한 꼰대짓이다. 그런 면에서 야근을 당연시한다거나 근무 시간 후에 카톡 지시를 내리는 것이 상습적이라면 꼰대짓이 되는 게 맞다. 갑질이라는 것 자체가 원칙을 벗어난 행태 아니던가.

대화할 때도 마찬가지다. 어떻게 말해야 하는지에 관한 원칙이 있다(앞에서 많이 다뤘다). 그것을 지킨다면 결코 꼰대라는 손가락질을 받지 않는다. 아무쪼록 원칙에 충실한 사람이 되기를 권한다. 그렇다면 꼰대짓은 자연히 사라질 것이다. 무엇보다도 원칙을 지키지 않으면 지속 가능한 삶이 보장되지 않는다.

[장군이 된 소대장]

●

군대 시절, 소대장으로 전방에서 근무하던 때의 일이다. 어느 날, 고된 훈련

을 하던 중 산속에 진을 치고 야영을 하게 됐다. 휴식 시간에 틈을 내 이웃

하고 있는 M소위의 텐트로 놀러 갔다. 그는 육군사관학교 출신으로 준수한

용모가 돋보였다. 초급 장교답지 않게 언행에 절도와 품위가 있었다. 그에

게 다가갔을 때 그는 작은 노트에 무엇인가를 열심히 메모하고 있었다.

"뭘 적어?"

내가 묻자, "음, 별것 아냐"라고 대답하면서 메모하던 노트를 접으며 말을

이어갔는데, 나는 그가 털어놓은 대답에 놀랐다.

그때만 해도 지금의 군대와는 전혀 달랐다. 같은 장교지만 중대장이 소대

장에게 체벌을 가하는 경우가 있었고, 대대장이 중대장을 지휘봉으로 구

타하는 경우도 있었다. 오늘날, 군기를 잡기 위해 실시되는 얼차려는 벌도 아니다.

그런데 M소위가 그런 상황(체벌, 구타)을 꼼꼼히 메모하고 있었던 것이다. 조금 전에 대대장이 중대장을 때렸다고 말이다. 요즘 식으로 표현하면 휴대폰으로 몰래 동영상 촬영을 하는 것쯤 되겠다. 혹시, 대대장의 부적절한 행동을 제보하려는 것은 아닌지 싶었다. 몰래 촬영한 동영상을 인터넷에 올려 한 방 먹이는 것처럼.

"그걸 메모해서 뭐 하려고?"

나의 질문에 그가 말했다.

"대대장님 역시 우리처럼 젊었던 시절이 있었을 거야. 소위 시절에 구타 장면을 보면 분개했을 테고. 군대가 이래서는 안 된다며 정의롭게 생각했겠지. 그런데 세월이 흐르면서 결국 저렇게 변하고 말았다. 옛날을 잊은 거지. 나는 훗날 고급 지휘관이 됐을 때 지금 생각하고 다짐했던 것을 결코 잊지 않기 위해 이렇게 메모를 해둔다."

아! 그것은 신선한 충격이고 감동이었다. 그로부터 1년쯤 지나서 우리는 헤어졌고 연락이 끊어진 채 세월을 보냈다. 그리고 30년이 지난 어느 날,

신문을 보다가 깜짝 놀랐다. 그가 육군 중장으로 승진하면서 대단히 중요한 자리에 발령 난 것이 보도된 것이다. 그 기사 위에 텐트에서의 장면이 오버랩된 것은 물론이다. 아마도 그는 매우 훌륭한 장군이었을 것이다. 꼰대 소리를 듣지 않는 장군 말이다. 젊은 날에 메모했던 것을 결코 잊지 않았을 테니까.

35

꼰대 포비아
벗어나기

"요즘은 회식 자리에서도 입을 꾹 다물고 있습니다. 말을 하면 꼰대짓 같아서요. 그러니 회식도 재미가 없죠. 그리고 가급적 일찍 자리를 피해줍니다. 자리를 지키고 있는 것 자체가 꼰대 같아 눈치가 보이거든요."

회사 간부로 일하는 후배에게 들은 이야기다. 그만 그런 게 아니라 직장에서 상사의 지위에 있는 사람들이 거의 그렇게 눈치를 본다고 했다. 그 말에서 요즘의 기성세대와 리더가 젊은 세대와 어떤 관계에 있는지, 그리고 어떤 상황에 놓여 있는지를 짐작할 수 있다.

그러나 한편으로는 한심하다는 생각을 지울 수 없다. 상황이 한심하거나 리더를 홀대하는 부하들이 한심하다는 이야기가 아니다. 간부로서 그렇게 말과 행동에 자신감이 없어서 어떻게 리더 역할을 제대로 할 수 있을까 해서다(후배야, 미안하다).

이쯤 되면 이건 리더 포비아leader phobia, 아니 꼰대 포비아kkondae phobia다. 잘 아는 바와 같이 리더 포비아란 리더 자리를 두려워하고 기피하는 현상이다. 세상이 변하면서 리더의 책임은 그대로인데 권한이 훨씬 약해졌기 때문에 나타난 현상이다. 권한이 약해졌다기보다 누릴 것이 없어지고 신경 쓸 일만 커졌기 때문일 수도 있다. 말 한마디, 행동 하나도 조심해야 한다. 자칫하면 팔로워로부터 당할 수 있으니 리더라는 지위가 두려울 수밖에 없다.

꼰대 포비아도 비슷하다. 꼰대 공포증에 시달린다. 상사로서, 선배로서 부하나 후배를 가르치고 질책하는 것은 당연하다 할 수 있는데 그게 어렵게 됐다. 가르치기도 질책하기도 힘든 상황이 돼버렸다. 그랬다가는 꼰대 프레임에 갇혀 꼰대로 낙인찍힐 것이다. 그리하여 부하들로부터 배척당하고 형편없는 노인네 취급을 받게 됐으니 이러지도 저러지도 못하는 형국이 된 것이다.

당당하게 함께하자

그래서야 리더 역할을 제대로 할 수 있을까? 무엇보다 리더로서, 상사로서, 그리고 선배로서 자신감을 회복해야 한다. 당당해야 한다. 아마도 기성세대가 이 책을 보고 있다면 이쯤에 와서는 자신감이 상당히 회복됐으리라 본다. 또한 신세대의 문화와 생각이 꼭 옳은 것이 아님을 알았을 것이다.

그렇다. 당신이 신세대에게 참견하고 잔소리하는 것이 결코 나쁜 일은 아니다. 악의는 더더욱 아니잖은가. 일을 실수 없이 잘하자는 것이요, 회사에 기여하자는 의도 아닌가. 때로는 부하와 후배를 아끼는 마음일 것이다. 그런데 정도가 좀 지나쳐 진짜 잔소리가 됐더라도 당당해야 한다.

참견하지 말고 가르치려고 하지 말고 잔소리하지 말라는 빤대의 항의가 언뜻 그럴듯해 보인다. 그러나 그건 단절과 같은 의미의 요구다. 결국은 아무 소리 말라는 것이요, 어떤 소리도 듣기 싫다는 것이다. 한 직장에서 공동의 목표를 향해 함께 일하는 사람이 어떻게 그럴 수 있는가? 소통을 강조하는 시대에 '네 떡 너 먹고, 내 떡 내가 먹겠다'라면 관계는 끊어지는 것이다. 각자의 길을 가자는 것이다.

당연히 그럴 수는 없다. 신세대가 그걸 소망한다고 해서 들어줄 수 있는 게 아니다. 당연히 가르쳐야 하고 참견할 수밖에 없다. 그것이 잔소리냐 긁은 소리냐를 따질 게 못 된다. 당신이 세상을 더 산 사람이라면, 경험이 더 많은 사람이라면, 더 많은 정보를 갖고 있다면 당당히 참견하고 가르쳐야 한다. 사람이 꼭 쓸모 있는 말만 하며 사는 건 아니다.

이런저런 수다를 떨면서 때로는 의미 없는 이야기를 나눌 수 있어야 대화다. 살얼음 딛듯이 어휘를 선택하며 조심조심 말해야 한다면 그건 대화가 아니다. 수다를 통해, 쓸데없는 소리를 통해 관계가 돈독해지고 생각하지도 못한 아이디어를 건지는 게 대화의 기능이고 수다의 강점이다.

창의성이나 아이디어 창출을 이야기할 때 흔히 등장하는 브레인스토밍brainstorming이란 게 뭔가. 생각나는 대로 상대방이 어떻게 받아들일 것인가를 의식하지 않고 지껄이는 거다. 대화란 원래 잡담을 바탕으로 한다. 잡다한 이야기가 오고 가는 게 대화다. 당연히 쓸데없는 말도 많이 하게 된다.

이제 꼰대 포비아를 벗어나라. 꼰대 소리를 좀 듣더라도 할 말은 해야 한다. 꼰대 소리 듣기 싫어 신세대와의 만남을 회피한다면 꼰대라는 말은 듣지 않을지 몰라도 참된 리더는 아니다. 그건 직무 유기다. 세대 갈등 이전에 세대 단절이다. 그런 분위기라면 그건 직장도 아니다.

신세대가 기성세대를 회피하려고 할수록 자주 어울려야 한다. 함께해야 한다. 여러모로 서로 다른 사람이라도 같이하면 이해하게 되고, 함께하면 공감하게 된다. 그것이 같이의 가치다. 세대 간에 간극이 크다고 해서 외면하고 멀어질수록 정도 멀어지고 문제해결 역시 멀어진다. 나중에는 정말 돌이킬 수 없는 상황이 될 수도 있다. 꼰대질도 문제지만 눈치를 보는 건 더 큰 문제다.

따라서 세대 차이, 꼰대 프레임에 갇혀 자신감을 잃지 말고 그들에게 성큼 다가가자. 서로를 경원시할 게 아니라 그럴수록 함께해야 한다. '미운 정 고운 정'이란 말도 있지 않은가. 중요한 건 진정성이다. 진정성만 보장된다면 '함께하는 것'이야말로 세대 갈등을 해소하는 기본의 하나다.

"확신에 따라 행동하고 그 확신을 두려워하지 말라." 중국의 석학 임어당의 말을 들려주고 싶다. 아울러 같은 말을 700번 이상 말하라고 한 잭 웰치의 당당한 신념을 배워야 한다.

36

신세대와 행복하게
동행하는 법

　요즘 회사마다 신세대를 어떻게 수용할 것인지 전전긍긍한다. 기획부서나 인사 또는 교육부서에서는 기성세대, 특히 간부들이 신세대를 이해하는 데 도움이 될 여러 형태의 아이디어를 동원하고 있다.

　대표적인 사례 하나가 어떤 기업에서 행한 '밀레니얼세대와의 행복한 동행'이라는 이름의 임원 워크숍이다. 이 워크숍에서 국내외 임원 및 공장장 등 간부 300여 명이 신입사원에게 강의를 들었다. 신입사원들이 '밀레니얼세대'의 의식과 입장이 어떤지를 자유롭게 이야기하는 토크쇼 형식으로 진행된 모양이다(〈모닝경제신문〉 2018. 9. 21).

그 기업만이 아니다. 우리가 몰라서 그렇지 여기저기 비슷한 행사가 있었고 지금도 진행형이다. S그룹 역시 직원들이 신세대나 기성세대, 그리고 직급의 구분 없이 자유롭게 의사전달을 하고 소통을 해야 한다며 '행복 토크'라는 자리를 마련했다(이상하게도 우리나라는 '행복'을 수식어로 붙인 명칭이 많다. 지방자치단체도 '행복 도시' '행복 서비스' 등 행복을 즐겨 쓰고 심지어 '행복 주택' '행복 출산'도 있다. 불행하다는 반증 아닐까? 그러면 정말 행복해지는 건가?).

P그룹도 밀레니얼세대와의 소통을 강화하는 방안으로 '밀레니얼세대 소통 가이드'를 만들어 배포했다(〈스포츠서울〉 2019. 7. 23). 또 세계적으로 이름난 모 기업에서는 사내 커뮤니케이션을 활발히 하고 회사 발전을 위한 비전을 공유하자며 '스킨십 경영'을 한다는데, 심지어 '수박 화채 데이'라는 날을 정하고 사장을 비롯한 임원들이 수박으로 화채를 만들어 사원들에게 제공하기도 했다.

하여튼 회사마다 나름의 아이디어를 짜내느라 고생이 많다. 모두 좋은 일이다. 그런 노력도 필요하다. 신세대의 입맛에 맞추려는 노력을 폄하할 생각은 전혀 없다. 그러나 한편으로는 그 절박한 상황과 애처로움이 왠지 서글퍼진다.

웃고 있어도 눈물이 난다

세대 문제를 해결하기 위해 어디선가 톡 튀는 유별난 교
육이나 행사, 또는 지침이 실행됐다는 뉴스가 뜨면 많은 기업
이 우르르 그 방향으로 몰린다. 마치 그런 것을 안 하면 시류
에 뒤처진 '꼰대 기업'이 되는 듯이 너도나도 아이디어를 짜
낸다. 이왕이면 다른 기업과는 다른 독특한 행사를 벌이려 한
다. 그렇게 해서 신세대의 구미에 맞추려 애쓴다. 그리하여
신세대 강사 또는 신세대 입장을 대변한다는 꼰대 강사를 내
세워 간부들에게 새로운 트렌드를 교육시키고 때로는 쑥스
러운 이벤트를 하기도 한다.

그런데 그런 교육과 이벤트가 왠지 철 지난 유행가처럼 들
리지 않은가? 지난날에도 충분히 실행했던 것 아닌가? 이미
오래전부터 신세대를 이해하고 그들과 소통해야 한다며 별별
아이디어를 동원했다. 대표적인 것이 '야자 타임'이다.

여러 회사에서 계급장 떼고 화끈하게 소통하자며 TV의
연예 프로그램을 따라 '야자 타임'을 가졌다. 위아래 없이

"야! 자!" 하며 말을 놓고 하고 싶은 말을 속 시원히 해보자는 놀이다. 나이나 지위가 같다고 상정하고 후배들이 편하게 자신의 속내를 친구처럼 토로해보자는 것이다. 그것이 뉴스가 돼 방송과 신문에 처음 소개된 것이 1995년쯤의 일이다. 벌써 30년 가까이 돼간다. 결론은 그때나 지금이나 변한 게 없다는 이야기다.

행복 동행이든 행복 토크든, 그리고 야자 타임이든 수박화채 데이든 나쁜 일은 아니다. 그 노력을 인정한다. 신세대와 소통하자면서 껄끄러운 직언, 버르장머리 없는 말을 듣고도 껄껄 웃으며 너그럽고 열린 마음으로 유유한 표정을 짓고 있을 간부들의 모습이 눈에 선하다. "웃고 있어도 눈물이 난다"라는 조용필 씨의 '그 겨울의 찻집'이 떠오른다. 행복한 동행이요, 행복 토크인데 왠지 행복해 보이지 않는 풍경이 상상된다.

한 차원 다른 접근을 해보자

그런 행사, 그런 모임에서 신세대로부터 나오는 말은 뻔하다. 앞에서 말한 행복 동행과 행복 토크에서 신입사원들이 마이크를 잡고 들려준 자신들의 입장과 생각은 대충 이랬다.

"젊은 세대가 직장을 선택할 때는 워라밸(일과 삶의 밸런스)을 유지할 수 있는지가 중요한 기준이다."

"서로를 존중하고 배려하는 방식의 소통이 필요하다."

"신세대는 일방적인 지시와 수직적인 소통을 힘들어한다."

"'하루 세 번 칭찬하기'처럼 횟수를 정해놓고, 후배들의 사소한 것에 대해서도 칭찬해달라."

"가끔은 후배들에게서 노하우와 최신 트렌드를 배우는 것도 소통하는 데 도움이 될 것이다."

"신입사원들이 개성과 창의성을 제대로 발휘할 수 있는 조직문화를 만들어야 한다."

엄청난 대책이 나올 것 같지만 실제로 이야기를 들어보면 이 정도다. 이것이 현실이다. 저 말을 다시 한 번 읽어보라. 상식 아닌가? 이런 이야기를 시간과 돈, 노력을 들여서 신입사원에게 꼭 들어야 아는가? 집에 있는 아들딸, 또는 막냇동생을 돌아봐도 되고, 결재 과정에서 또는 회식 자리에서 젊은 사원과 이야기를 나눠보면 자연스럽게 알 수 있는 것이다. TV 연속극이나 연예 프로그램을 몇 번 봐도 금방 알 수 있다. 아니, 책상머리에 앉아서 머릿속으로 생각해도 답이 나온다. 꼭 맛을 봐야 똥인지 된장인지 아는 것은 아니잖은가.

결국은 회사 내부, 즉 신세대 사원을 향해 '우리는 이렇게 노력하고 있다'는 것을 하소연하는 쇼, '소통'이 아니라 '쇼통'에 지나지 않는다. 특히 간과해서는 안 될 것이 하나 있다. 그런 행사를 하면 할수록 간부들을 비롯한 기성세대는 신세대에 가까워지는 게 아니라 점점 더 꼰대로 몰린다는 사실이다.

회사 차원에서 신세대를 이해하고 수용하기 위해 노력하는 것은 좋은 일이다. 필요하다. 그러나 그보다 더 중요한 것은 과연 신세대를 이해한다는 게 뭔지, 어떻게 해야 그들이 회사에서 마음 붙이고 제대로 일하고 제대로 성장할 수 있는지를 근본적으로 생각할 필요가 있다는 것이다.

즉, 치열하게 생존 게임을 하는 회사의 입장, 그리고 기성세대의 경험과 생각도 얼마나 소중한 것인지를 어떻게 신세대에게 제대로 이해시킬 것인지, 그리하여 어떻게 공존을 모색할 것인지 한 차원 높은 고려가 있어야 한다. 그렇잖으면 계속해서 똑같은 행사, '쇼통'을 반복하게 될 것이다. 계속해서 신세대 신입사원이 들어올 것이니까.

37

'다름'을 인정해야
달라진다

　사회는 어차피 서로 다른 사람들, 개성이 각각인 사람들이 모여 형성된다. 한 가족 안에서도 '금성에서 온 남자와 화성에서 온 여자'가 아이를 낳고, 기성세대 부모와 신세대 자녀로 구성된다. 그래서 가족이라는 이름이 무색하게 갈등이 상존한다.

　부부간에 갈등이 폭발해 이혼을 하게 될 때 가장 큰 이유의 하나로 꼽는 것이 '성격 차이'다. 금성에서 온 남자와 화성에서 온 여자의 스타일이 다르고 성격이 다른 것은 당연하다.

상식이다. 문제는 다름을 인정하지 않고 무조건 이해하라, 참아라, 네가 틀리네, 내가 맞네 하니까 결국 깨지고 마는 것이다. 성격 차이를 해결하는 제1의 방안은 '맞다' '틀리다'가 아니라 '다름'을 인정하는 것이다.

직장도 마찬가지다. 태어난 시기도, 자라난 환경도 제각각인 사람들이 만났으니 오죽할까. 그러고는 힘을 모아 같은 목표를 달성하란다. 그렇게 제각각인 사람들이 '원 팀one team'을 이루려면 무엇보다도 서로의 차이를 탓할 것이 아니라 다름을 인정해야 한다. 다름을 인정해야 존중으로 한 걸음 더 나아갈 수 있다.

존중이란 한마디로 다양성을 인정하는 것이다. 나와 다름을 인정하고 그 특성에 주목하는 것이다. 나와 다르다고 틀린 것이 아님을 아는 것이다. 일상에서 다름을 인정해야 실타래처럼 헝클어진 세대 차이의 문제를 풀 수 있다. 그래야 갈등이 풀린다.

달라이 라마가 말했다. "서로 다른 관점으로부터 지혜를 얻도록 노력해야 한다." 즉, 다름을 인정하는 것뿐만 아니라 그것에서 더 나은 방안, 더 나은 길을 모색하라는 것이다. 그게 지혜라는 것이다. 직장에서 상사를 비롯한 구성원들이 대화하고 토론하며 때로는 결재라는 이름으로 승인을 받고 동의를 구한다. 결재란 서면으로 하는 대화요, 토론이다. 다른 관점을 조정하고 융합하는 과정이다. 그것이 바르게 되려면 다른 관점을 인정하고 그것으로부터 지혜를 얻는 노력이 필요하다.

존이구동의 해법

요즘 국론분열이라는 말을 자주 듣는다. 왜 분열이 되는가? 다름을 인정하지 않기 때문이다. 다름을 인정하는 것은 고사하고 적으로 생각하기 때문이다. 나는 당신과 생각이 다를 뿐 적이 아니라는 의식을 가져야 한다. 다름을 자연스럽게 받아들여야 한다. 갈등은 필수다. 그게 꼭 나쁜 것은 아니다.

국론분열 못지않게 사론분열社論分裂도 심각하다. 같은 회사, 같은 팀 안에서 의견의 일치는 고사하고 눈을 흘긴다. 의견과 생각이 다르면 그것을 인정하고 존중하는 것이 아니라 혐오하고 증오한다. 이런 상황에서 회사가 제대로 될 리가 없다.

팀워크를 연구한 마틴 하스Martine Haas 교수와 마크 모텐

슨Mark Mortensen 교수는 오늘날의 팀이 과거와 달리 점점 더 협력이 어려워지고 있음을 지적하고 그 이유를 4-D로 분석했다. 즉, 구성원의 배경과 특징이 다양해졌고diverse, 지역적으로 다양하게 흩어져 있으며dispersed, 빠르고 즉흥적인 디지털 방식에 익숙하고digital, 변화의 속도 역시 빠르고 역동적dynamic이어서 그렇다는 것이다. 결론은 다르기 때문에 협력해야 한다는 것이다(〈중앙일보〉 2019. 5. 21, 송인한 교수의 글).

서로 다른 사람들이 공동의 목표를 위해 협력하려면 다르다고 배척하거나 비난해서는 안 된다. 존이구동存異求同해야 한다. 존이구동이란 '서로 다르다는 사실을 인정하고 같은 점을 찾는 것'이라는 뜻이다. 정치적인 갈등의 해결이나 인간관계의 해법으로 자주 인용되는 용어다. 상대의 의견이나 입장이 나와 다름을 인정하고 받아들이며存異, 그런 가운데서도 나와 같은 점, 즉 공통점을 찾아야求同 함께 전진하고 승리할 수 있다는 말이다. 그것이 곧 세대 차이, 세대 갈등을 넘어 윈윈하는 것이요, 모두가 함께 사는 지혜다.

38

세대 차이를
이해할 수 있을까?

　수많은 세대론의 목적과 결론은 결국 세대 차이를 해소하고 세대 갈등과 혐오를 극복하자는 데 있다. 그래서 저마다의 해법을 내놓는다. 그중 가장 핵심적으로 제시되는 것이 상대방을 이해해야 한다고 말한다. 심지어 "닥치고 이해!" "무조건 이해!"를 부르짖는 세대론자도 있다. 이해하면 간단히 해결되는데 그것이 안 되니까 속이 무척 타는가 보다. 그러나 사람을 이해한다는 것이 이해되는가? 쉬운 듯 정말 어려운 일이다. 말로는 이해한다지만 내심 이렇게 외친다.

"도무지 이해를 못 하겠어."

상대방을 이해하려면 상대방의 입장이 돼 그 감정과 사고방식이 돼야 한다. 그런데 태어난 시대가 다르고 자라난 환경이 다른데 어떻게 그 감정과 사고방식을 이해할 수 있는가. 결국은 상상력을 최대한 동원해야 하는데 제아무리 상상력을 발휘해도 상대의 처지, 감정, 생각을 똑같이 이해하기는 거의 불가능하다.

그러기에 가정에서든 직장에서든, 젊은 사람과 나이 든 사람의 관계를 '이해'를 통해 해결하려면 어려워진다. 그러면 방법이 없는가? 있다. 아주 간단하고 편리한 방법이다. 바로 '존중'이다.

공존의 방식 – 존중이 답이다

이해는 이상이지만 존중은 현실이다. 이해는 공감하는 것이지만 존중은 인정하고 수용하는 것이다. 이해는 감정이고 느낌이지만 존중은 의지요, 결단이요, 선택이다.

이해와 존중의 차이를 쉽게 알려면 아모스 알론조 스태그 Amos Alonzo Stagg의 말에 귀 기울일 필요가 있다. 미국 시카고의 전설적인 풋볼 코치였던 그는 이렇게 말했다.

"나는 우리 선수들을 모두 똑같이 사랑한다. 그러나 그들을 모두 똑같이 좋아하지는 못한다."

무슨 말인지 이해되는가? 이해되지 않으면 깊이 음미하면서 다시 한번 읽어보라. 좋아하는 것과 사랑하는 것의 차이를 참 잘 표현했다. 미국 농구의 전설적인 감독으로 '불패의 신화'를 이루고 미국 농구 명예의 전당에 헌액된 존 우든John Wooden은 평소 아모스 알론조 스태그의 저 말을 자주 인용하며 부하에 대한 사랑의 리더십을 강조했다(《88연승의 비밀》존 우든, 스티브 제이미슨, 장치혁 옮김, 클라우드나인, 2014).

노먼 맥클레인Norman Maclean의 자전적 소설을 영화화한 〈흐르는 강물처럼〉에도 비슷한 '어록'이 등장한다. 미국 몬태나주의 아름다운 자연을 배경으로 한 이 영화는 플라이낚시를 좋아하는 것 외에는 성격이 전혀 다른 두 형제가 주인공이다.

기존의 가치를 소중하게 여기는 꼰대 스타일의 형 노먼과 자유로움을 추구하는 신세대 스타일의 동생 폴은 서로의 삶

276

의 방식을 이해하지 못한다. 그래서 때때로 격렬한 언쟁을 벌이며 갈등한다. 형제간에도 그러하니 아버지는 말할 것도 없다. 맏아들 노먼과는 통하지만 막내인 폴과는 소통하기가 어렵다.

그러던 어느 날 불의의 사고로 동생 폴이 목숨을 잃는 상황이 벌어지는데, 폴을 그리워하는 아버지 맥클레인 목사는 은퇴를 앞둔 마지막 설교에서 이렇게 말한다.

"온전히 이해할 수는 없어도 온전히 사랑할 수는 있다 We can love completely without complete understanding."

아들 폴을 온전히 이해하지는 못했지만 온전히 사랑했다는 말이다. 이들 어록은 '이해와 존중'의 차이를 설명하는 데 딱 좋다. 더 나아가 이해할 수는 없어도 얼마든지 존중할 수 있음을 가르치는 데 제격이다. 그뿐만 아니라 세대 문제를 해결하는 방법으로서도 매우 소중하다. 이렇게 변형해 활용하면 될 것이다.

"나는 그들(기성세대 또는 신세대)을 온전히 이해하지는 못한다. 그러나 그들을 온전히 존중할 것이다."

나는 이 말을 참 좋아한다. 친구든 후배든 또는 누구든 간에 뭔가 마음이 통하지 않고 생각이 다름을 느낄 때마다 속으로 이 말을 중얼거리며 마음을 달래고 생각을 바꾼다.

좋아하는 것은 감정이지만 사랑하는 것은 이성이요, 의지며 결단이다. 아무리 생각을 바꿔도 좋아할 수는 없지만 의지만 있다면 사랑할 수는 있다. 마찬가지로 아무리 상상력을 동원하고 감정이입을 시도해도 기성세대과 신세대를 완전히 이해할 수는 없지만 생각을 바꾸면 완전히 존중할 수는 있다.

어떤가? 이제 이해와 존중의 차이를 알 수 있을 것이다. 이해할 수는 없어도 존중할 수는 있다. 이해는 감정이지만 존중은 의지요, 결단이니까.

세대 차이와 세대 갈등을 해결하기 위해 자꾸 이해하라고 강조하지 마라. 골 아파진다. 그냥 존중하면 된다. 존중하면 상대를 함부로 대할 수 없다. 상대의 의사와 자유를 인정할 것이다. 존중하면 상대의 말에 귀 기울이게 된다. 경청하고 수용할 것이다. 존중하면 배려하게 된다. 상대를 위하고 상대에게 도움이 되게 할 것이다. 그러다 보면 서로 이해하는 순간이 올 수도 있다.

이제 아시겠는가? 세대 갈등은 이해로 해결되는 것이 아니라 존중으로 해결해야 한다. 이해는 못 해도 존중은 할 수 있다. 사랑까지는 못하더라도 존중은 가능하다. 존중이 답이다.

39

젊은이와 대화하는
법을 익히자

세대 차이든 세대 갈등이든, 직장에서 그것이 드러나는 대부분은 '말'을 통해서다. 연설이나 스피치가 아니라 대화할 때 드러난다. 그러기에 세대 차이, 세대 갈등을 해결하는 첫 걸음은 대화하는 법을 점검하고 개선하는 것이다. 대화법을 익혀야 한다.

미국의 세계적인 커뮤니케이션 전문가 주디스 E. 글레이저Judith E. Glaser는 '대화지능'이라는 독특한 개념을 만들어냈다. 대화지능이란 어떤 상황에서 서로의 생각이 다를 때 대화를 통해 그 틈을 메우는 능력을 말한다(《대화지능Conversational Intelligence》 주디스 E. 글레이저, 김현수 옮김, 청림출판, 2014). 그러니까 대화지능이 높다는 것은 대화 능력이 좋다는 의미가 되겠다.

이는 기성세대와 신세대 간의 소통에도 필요한 지능이요, 능력인데 '지능' '능력'이라는 단어에서 느낄 수 있듯이 어느 정도 타고난 재능이라 할 수 있다. 그러나 모든 재능이 그렇듯이 노력에 의해 계발하고 강화시킬 수 있음은 물론이다.

그럼 어떻게 대화지능, 대화 능력을 강화할 것인가. 그 요령을 알기 위해서는 왜 신세대가 기성세대와 말하기를 싫어하는지부터 파악해야 한다. 한마디로 기성세대가 자꾸 가르치려 하고 잔소리를 한다는 것인데, 그것을 조금 더 깊이 파고들면 신세대와 소통할 때 어떻게 하면 좋을지 방법이 나온다.

그 방법을 마음에 담아 대화할 때마다 실천하면 된다. 그리고 이 방법은 기성세대가 돼 고치려고 하면 매우 힘들므로 젊었을 때부터 체질화되도록 하는 것이 좋다. 여러 방법이 있겠지만 핵심적인 요령 5가지만 소개한다.

(1) 말허리를 자르지 말기

"기성세대와 대화를 나눌 때 가장 짜증 나는 게 뭐니?"

이 책의 집필이 막바지에 이르던 어느 날, 아들에게 던진 질문이다. 그러자 조금의 망설임도 없이 이렇게 말했다.

"제발 말허리를 끊지 마세요. 나이 든 사람들은 상대의 이야기가 끝나기도 전에 성급하게 말을 가로막고 자기주장을 펴거나 말꼬리를 잡고 늘어지는데 그렇게 되면 그다음부터는 말을 섞고 싶지 않습니다. 정말 짜증 납니다."

아하! 그 순간 지난 기억이 번쩍 스침을 느꼈다. 바로 얼마 전에 30대 초반의 신세대 직장인과 대화를 나누던 중 그가 툭 던진 말이 떠올랐기 때문이다. 아들과 똑같은 말을 했는데 그것을 확인받은 셈이다. 그러고 보니 대부분의 기성세대가 그런 화법(?)을 구사하는 것 같았다. 나 또한 예외는 아니라는 생각이 들었다. 아마도 아들은 나에 대한 경고를 에둘러 말했을 것이다.

말허리를 자르고 끼어드는 행위는 대화에 있어서 일종의 간섭이나 충돌 또는 방해에 해당한다. 데보라 태넌Deborah Tannen은《남자를 토라지게 하는 말, 여자를 화나게 하는 말》(정명진 옮김, 한언, 2001)에서 그런 행위를 일종의 '약탈'이라고 했다.

그런 약탈은 말하는 이로 하여금 화를 불러일으키고 짜증을 폭발시킨다. 더 이상 말을 할 필요를 느끼지 못하게 된다. 또한 그것은 상대에게 '나의 말에 귀를 기울이지 않는다' '나의 말에는 관심이 없어'라는 생각을 갖게 해 소통의 문을 닫게 만든다.

말허리를 자르는 것의 전형적인 형태는 상대가 말을 하는 도중에 불쑥 끼어드는 것이다. 대개 성질이 급한 사람이 그런 행태를 보인다. 일반적으로 성질이 급한 우리나라 사람들은 너나 할 것 없이 말허리를 자르며 끼어드는 습성을 경계해야 한다.

상대의 말이 다 끝나기 전에 말을 자르며 끼어드는 행위는 단순히 상대를 화나게 하거나 짜증 나게 하는 것을 넘어 '관계'에 악영향을 준다. 역지사지해보면 답이 나온다. 당신이 부하와 대화할 때 상대가 불쑥 말허리를 끊고 자기의 의견을 말한다? 아마도 당신은 우월적 지위를 이용해 버럭 소리를 지를지도 모른다. "내 말이 끝나거든 말해!"라고.

'말허리를 자르지 말라'는 것은 단순한 화술의 원칙을 넘어 사회생활의 성패를 좌우하는 성공의 법칙 중 하나다. 끼어들기든 꼬리잡기든, 말허리를 자르지 않기 위한 가장 효과적인 방법은 의도적으로 한 박자 쉬어가며 말하는 것이다. 한 박자 느긋이 기다리고 인내하면서 상대의 말이 다 끝난 후에 정확한 의도와 맥락을 이해하고 나서 입을 여는 것이다.

당신의 대화 습관을 점검해보자. 혹시라도 말허리를 자르는 습관이 있다면(특히 얼굴이 보이지 않는 상태에서 이뤄지는 전화 통화 시에 말허리 자르기가 수시로 일어난다) 신경을 바짝 써서 호흡을 가다듬고 느긋이 쉬어서 말하는 습관으로 바꿔야 한다.

(2) '진짜' 잘 들어주기

위 제목을 다시 보자. '잘 들어주기'라는 말 앞에 '진짜'라는 수식으로 강조했다. 이유는 두 가지다. 하나는 대화할 때 '잘 들으라' '경청하라'는 권고를 너무 많이 듣다 보니 이제는 무신경해졌기 때문이다. 다른 하나는 '잘 듣는다는 것'의 의미를 깊이깊이 새기라는 뜻에서다.

단순히 말허리만 자르지 않는다고 경청하는 것은 아니다. 대화의 요령을 터득해서 상대가 말할 때 꾹 참고 말허리를 자르지 않는다고 정말로 잘 듣고 있는 것은 아니다. 어쩌면 '상대의 말이 끝나면 나는 무슨 말을 할까?' 그것을 궁리하고 있을지 모른다. 심리학자들에 의하면 대부분의 사람은 상대의 말을 잘 듣지 않고 자기가 할 말을 구상한다는 것이다. 반론을 준비하거나 자기가 말할 이야깃거리를 찾고 있단다.

자고로 '이청득심以聽得心'이라고 했다. 즉, 귀를 기울여 잘 들어야 사람의 마음을 얻을 수 있다는 이야기다. 사람의 마음을 얻고 싶으면 경청하라는 말이다. 경청의 요령이란 대략 이런 것이다.

- 우선 말하는 것을 멈춰라.
- 시선을 마주쳐라.
- 상대방에게 당신이 듣기를 원하고 있음을 보여줘라.
- 주의를 산만하게 하는 요소를 제거하라.
- 감정이입을 하라.
- 인내심을 갖고 들어라.
- 논쟁은 피하라.
- 화를 내지 마라.
- 가끔 질문하며 상대의 이야기를 잘 듣고 있음을 나타내라.

• 우호적인 자세를 취하라 등등

이런 요령이 있음에도 경청이 잘 안 되니까 심지어 1분 동안 말할 때 2분 동안 들려주고 3번 이상 긍정적인 맞장구를 치라며 시간까지 제시하는 잔소리 같은 조언도 등장한다.

'듣는다'는 뜻의 대표적인 영어 표현은 '히어링hearing'과 '리스닝listening'이다. 히어링은 귀에 들려오는 소리를 그냥 듣는 것이다. 반면에 리스닝은 의식을 집중해 정보를 모으고 분석·공감하며 듣는 것이다. 관심을 가지고 집중해서 듣는 것이요, 화자(말하는 사람)의 뜻이 무엇인지 이해하기 위해 마음을 기울여 듣는 것이다. 즉 '경청'의 의미다.

우리말은 히어링과 리스닝의 구분이 없이 그냥 '듣다' 하나다. 그런데 '듣다'에는 여러 가지 뜻이 포함된다. 사전을 찾아보라. '귀로 느껴 알다'라는 기본적인 의미 외에도 '효험을 발휘하다' '잘 따르다' '이해하고 받아들이다'의 의미가 있다. 여기서 강조하려는 것은 여러 의미 중에서 '이해하고 받아들이다'의 뜻이다. 단순히 상대방의 말을 귀로 받아들여 안다는 것이 아니라 말의 의도를 이해하고 마음으로 받아들여야 제대로 듣는 것이다. 그래야 '진짜' 경청이 되고 소통이 돼 사람의 마음을 얻을 수 있다.

(3) 가르치지 말고 제안하기

상사나 선배의 지위에 있으면 자신도 모르게 상대를 가르치려 한다. 이것은 꼰대의 특징 중 하나로 이 책에서 여러 번 언급했다. 사람은 우월적 지위에 오르면 자신도 모르게 자기의 의견을 상대에게 주입하려 한다. 그것의 형태가 가르치는 것이다. 어린 시절에는 부모가 그랬고 학교에서는 선생님이 그랬다.

그렇게 성장한 사람이 직장에 들어왔으니 어떻겠는가. 자신이 상사가 되고 선배가 되면 어린 시절부터 형성된 가르침의 DNA가 꿈틀거린다. 더욱이 가르침을 받았던 시절에 가르치는 사람의 우월적 지위가 부러웠을 것이다. 그래서 우월적 지위에 서게 되면 줄기차게 가르치려 한다.

가르친다는 것이 직장에서는 단순히 가르치는 게 아니라 명령이요, 지시의 형태를 띤다. 그러니 상대방 입장에서는 기분 나쁠 것임에 틀림없다. 세상에 명령이나 지시를 받는 것이 기분 좋을 사람은 별로 없다. 그것도 이름난 대학자나 선각자도 아닌 사람에게서 듣는 쓸모없는 가르침, 듣기 싫은 잔소리라니….

아무쪼록 가르치려 하지 말고 제안하라. 가르침이 수직적 지위의 소통을 의미한다면 제안은 수평적인 것이다. 평등까지는 아니더라도 상대를 존중한다는 것이요, 한편으로는 겸손을 내포한다. 명령이 아니라 동의를 구하는 것이다.

"이것을 이렇게 하라" "그건 그렇게 하는 게 아니야" "무슨 말인지 알겠지?" 식으로 말하는 것이 가르치는 것이다. 반면에 "나는 이렇게 생각하는데" "이렇게 하면 어떨까?" "이런 의견도 참고해보지 않겠나?"는 제안하는 것이요, 가르치는 게 아니라 아이디어 또는 의견을 말하는 것이다.

그게 그거 아니냐고? 맞다. 그게 그거다. 그러나 내용은 같아도 형식이 다르다. 형식이 내용보다 중요하다고 이미 말했다. 형식이 다르면 받아들이는 감정이 달라진다. 말이란 원래 아 다르고 어 다르다. 부사나 형용사를 사용하느냐 아니냐에 따라 말에 담긴 감정이 다르고, 명령형이냐 의견제시형이냐에 따라 받아들이는 감정이 달라진다. 따라서 신세대와 대화를 나눌 때는 '가르치지 말고 제안하기'라는 기준을 꼭 떠올리기를 권한다.

(4) I-Message로 말하기

잔소리라면 바로 떠오르는 단어의 하나가 '엄마'다. 노심 초사하며 엄마가 아이에게 잔소리를 늘어놓는 상황이 생각 날 것이다. 그래서 부모의 역할과 화법으로 개발된 것이 있 다. 유명한 'I-Message'다.

미국의 임상심리학자로 부모역할훈련법^{P·E·T : Parents} ^{Effective Training}을 창시한 토마스 고든^{Thomas Gordon}이 부모와 자식 간의 효과적인 의사소통을 위해 개발했다. 그러나 이는 부모와 자식뿐만 아니라 상사와 부하 간에, 그리고 협상에도 널리 적용되는 매우 효과적인 설득 요령이요, 화법이다.

'나 전달법^{I-Message}'이란 자신의 감정을 중심으로 말하 는 것이고 상대의 잘못이나 불합리함을 지적해 말하는 것이 '너 전달법^{You-Message}'이다. 누군가와 대화를 나눌 때 You- Message법으로 한다면 자연히 어떤 사실에 대한 잘못이나 불 합리함을 지적하게 되니 가르치는 게 돼 상대의 감정을 상하 게 하기 쉽다. 이뿐만 아니라 상대는 자신의 입장이나 말이 왜 합리적인지를 옹호하게 된다. 자칫 감정적 대립으로 흐를 수가 있다.

따라서 대화할 때 솔직한 자신의 느낌을 말하면 된다. 말

그대로 I-Message이므로 내가 받게 된 느낌을 전달하면 된다. 절대로 상대를 평가하거나 비난해서는 안 된다.

"이야기 잘 들었는데 솔직한 내 입장을 말하자면…." "좀 껄끄러운 이야기가 되겠지만 내 생각으로는…." "내 의견에 대해 어떻게 생각하는지 궁금하다." "이건 어디까지나 나의 의견일 뿐…." 이런 식으로 말이다.

강조하지만 I-Message란 결국 상대를 비판하거나 평가하지 않고 내 의견을 말하는 호의적인 대화 방식이다. 이런 I-Message의 강점을 이해하고 적극 활용함으로써 품격 있는 상사나 선배로서 호감을 얻도록 하자.

(5) 꼰대식 말투 버리기

어떤 형태의 말이든 내용 이상으로 중요한 것이 말투다. 가르침이든 잔소리든 마찬가지다. 원래 한국인은 말투가 강하다. 반면 영어권 사람들이 말하는 것을 보면 상당히 부드럽다. 리드미컬하다. 그것을 가리켜 "노래 부르는 것 같다"라고 표현하기도 한다. 독일인은 또 다르다. 그들의 언어 자체가 딱딱 끊어지기에 독일어를 모르는 사람도 말투만으로 영어인지 독일어인지 알 수 있을 만큼 무뚝뚝하게 느껴진다.

우리는 독일어와 비슷한 느낌이다. 음절이 딱딱 끊어진다. 같은 동양인데도 일본인의 말투와는 사뭇 다르다. 그래서 같은 말을 하더라도 퉁명스러운 말투로 인해 화난 것 같고 불친절한 것 같은 인상을 준다.

말투가 중요한 이유는 자신의 속내나 진심과는 다르게 말투로 인해 같은 말을 하고도 결과가 달라진다는 데 있다. 말투 하나 때문에 자칫하면 관계가 틀어질 수도 있다. 거리를 걷다가 누군가에게 길을 물어본 경험이 있을 것이다. 어떻든가? 무뚝뚝한 말투 때문에 그가 실제로는 '좋은 사람'임에도 전혀 그런 인상을 받지 못하게 된다.

일반 대화에서도 말투가 대화 분위기를 좌우한다. 거만한 말투라면 당연히 상대가 기분 나빠할 것이요, 겸손한 말투라면 호감을 사는 것은 당연하다. 말투의 위력을 가장 잘 보여주는 것은 유머를 말할 때다. "밥 먹었니?"라는 지극히 평범한 말도 개그맨 심형래 씨의 '영구' 말투로 하면 사람을 웃길 수 있고 유머가 될 수 있다.

직장 생활에서도 예외는 아니다. 상사에게 어떤 건의를

할 때 말투가 삐딱하거나 퉁명스러우면 건의가 아니라 불만을 말하는 것으로 비칠 수 있다. 반대로 상사나 선배가 부하나 후배에게 말할 때 말투가 어떠냐에 따라 호의적으로 받아들여질 수 있고 때로는 고압적이고 권위적인 꼰대의 말투가 될 수 있다. 사정이 그럼에도 실제로 나이 들거나 지위가 올라가면 많은 사람이 말투에 문제가 생긴다.

기성세대, 꼰대가 유의해야 할 말투는 짜증 내는 듯한 말투, 나무라는 듯한 말투, 아이 다루는 듯한 말투, 퉁명스러운 말투, 명령하는 듯한 위압적인 말투, 사람을 깔보고 무시하는 말투, 귀찮아하는 듯한 말투다.

앞에서 소개했던 글레이저는 리더가 사원과 대화할 때는 특히 불안과 두려움을 느끼지 않도록 조심해야 한다고 했다. 리더는 자칫 '말하기tell-또 말하기sell-고함치기yell' 신드롬에 빠지게 된다고 했다. 직원에게 자신의 생각을 말하고 또 말하지만, 효과가 없자 고함을 지르게 된다는 말이다. 그렇게 되면 상대는 마음을 닫을 것이고 소통은 끝나게 될 것이다(〈매일경제〉 2014. 10. 23, 매경 MBA-직원에 문제 있다고?…리더의 대화 지능 높여라).

젊은 세대와 대화할 때는 소위 꼰대식 말투를 버려야 한다. 만약 성격이나 습관에 따라 이미 말투가 고정된 상태라면 적절한 연출을 통해 변화 있게 적용할 수도 있다. '말투는 쇼맨십'이라고 하지 않던가. 의도적으로 말투를 조절하다 보면 쇼맨십이 버릇이 되고 습관이 돼 언젠가는 정말로 말투가 바뀐 모습을 발견하게 될 것이다.

40

결론은 존경이다

이제 세대론을 마무리할 때가 왔다. 앞에서 스티브 잡스를 비롯한 세계적인 리더들이 의외로 독불장군식의 꼰대적 행태를 보였다고 말한 바 있다. 잭 웰치 회장은 700번 이상 같은 말을 반복한다는 것도 알았다. 우리 식으로 말하면 같은 말을 되풀이하는 잔소리꾼이다. 그렇다고 사람들이 그를 가리켜 잔소리나 해대는 꼰대로 평가하지 않는다. 스티브 잡스나 빌 게이츠도 마찬가지다.

왜 그들을 꼰대로 보지 않는가? 팔로워들이 어떤 이유로

든 우러러보기 때문이다. 따를 만한 이유가 충분한 리더로 보기 때문이다. 쉽게 말해서 존경할 만한 대상이기 때문이다.

그렇다. 기성세대가 신세대로 하여금 꼰대 소리를 듣지 않는 가장 간단한(?) 방법은 존경받는 것이다. 어떤 식으로 말하냐는 '요령'에 있는 것이 아니다. 아무리 "왕년에 말이야…"라는 식으로 말하지 않고, 침묵을 지켜서 가르치거나 잔소리를 안 한다고 해서 꼰대 탈출이 이뤄지는 것은 아니다. 말투를 바꾼다고 존경하게 되는 것도 아니다. 신세대를 존중해준다고 존경을 받는 것도 아니다. 물론 그런 요소가 복합적으로 작용해 존경이라는 결과를 나타낼 것이기는 하지만 말이다.

기성세대가 도매금으로 꼰대로 치부되는 풍토에서도 좋은 상사, 좋은 선배로 자리매김하는 유일한 방법은 사람들로부터 존경받는 것이다. 팔로워들이 따를 만한 가치가 있는 리더가 되는 것이다. 그래서 세대 문제는 세대 차이의 문제가 아니라 개인차의 문제다. 기성세대 전체가 꼰대로 지적당하더라도 당신 하나는 꼰대가 아닐 수 있다는 말이다.

존경받을 수 있는 조건

그럼 어떻게 해야 존경받을 것인가? 이것 역시 조직원들의 취향에 따라 10인 10색일 수 있다. 그럼에도 일일이 열거하지 않더라도 어떻게 해야 존경받을지는 본능적으로 알고 있다. 임마누엘 칸트가 일찍이 "정직이 최선의 정책이다"라고 말했듯이 무엇보다도 정직해야 한다. 진실되고 진정성이 있어야 한다.

진정성이란 '진실되고 참된 성질'이다. '진실한 마음이 담겨 있는 것', '진심'이다. 온 마음과 정성을 다하는 것이다. 마음을 다해 일하는 것이요, 조직원을 대하는 것이다. 그것이야말로 세대를 가리지 않고 존경을 이끌어내는 최고의 가치다. 진정성이 있으면 도덕적이며 원칙 중심의 처신은 자연히 이뤄지기 때문이다.

존경의 바탕으로 또 하나 꼽고 싶은 것은 헌신이다. 헌신獻身이란 자신의 이해관계를 생각하지 않고 몸과 마음을 바쳐 있는 힘을 다하는 것이다. 존경은 그런 헌신을 통해 형성된다. 사람들은 헌신하지 않는 리더를 따르지 않는다. 팔로워들은 안 보는 것 같으면서도 예의 주시하고 있다. 당신이 조직, 일, 상사, 부하에게 어떻게 헌신하는가를. 남에게 헌신하지 않고 남으로부터 헌신을 기대할 수는 없다.

마지막으로 꼽고 싶은 것은 나이 든 사람다운 품격이다. 630년이 넘는 역사를 이어온, 세계에서 가장 오래된 가족 경영 와인 회사 안티노리Antinori를 이끌고 있는 여성 경영인 알비에라 안티노리Albiera Antinori 회장이 우리나라에 왔을 때 인터뷰에서 이렇게 말했다.

> "직원들은 내가 어떤 품격과 인간성을 가졌는지 항상 지켜보고 있다. 내가 본보기가 되지 않으면 결코 존경받을 수 없다(〈조선일보〉 2018. 6. 25, 최보식이 만난 사람)."

결국 본보기가 되는 품격을 갖춰야 존경받는다. 가끔 세상을 떠들썩하게 하는 경영자의 갑질 논란도 따지고 보면 리더라는 사람들의 품격과 관련된 것이다. 저급한 막말부터 주먹을 휘두른 횡포까지 낮은 품격의 처신으로 그런 일이 벌어진다.

그 밖에도 솔선수범, 인간적 매력 등의 개인적 특성도 존경의 대상이 될 것이나 여기서 일일이 열거하지 않겠다. 기성세대라면 어떻게 젊은 신세대의 존경을 받을 것인지, 아니 존경까지는 아니더라도 그들이 진심으로 좋아할 것인지를 깊이 생각하면 충분한 답이 나올 것이다. 그 답대로 실천하면 된다.

[당신은 젊은가? - 젊음지수]

●

꼰대인지 아닌지를 체크하는 리스트가 있지만(앞에서 다뤘다), 나이를 불문하고 당신이 젊은가를 알아보는 것도 중요하다. 그것을 나타내는 지수를 '젊음지수 Youth Quotient'라 하는데 미국의 작가 팀 드레이크 Tim Drake 와 경영 컨설턴트 크리스 미들턴 Chris Middleton 이 《YQ, 당신의 젊음지수는 얼마입니까》(차재혁 옮김, 미래와 경영, 2009)에서 소개했다.

그 후에 젊음과 늙음을 비교하는 체크리스트가 여럿 제시됐지만 우리들의 직장 문화와 현실에 맞지 않은 부분이 많다. 그래서 2013년 9월에 내 나름의 젊음지수를 만들어 블로그에 발표한 것이 다음과 같다.

항목마다 앞(왼쪽)의 괄호 속에 체크하는 것이 많으면 젊음지수가 높아 젊은이에 가까운 것이요, 오른쪽의 괄호 속에 체크하는 것이 많으면 그만큼 젊음과 거리가 있다는 것이다. 체크해보고, 아무쪼록 앞부분에 해당되는 것이 많도록 자기관리를 해보자. 그러면 세대 차이를 줄일 수 있을 것이다 (나의 블로그 blog.naver.com/intecjo/150175927110에서 발췌).

당신의 젊음지수는?

01. (   )희망을 말하는가, 회한을 말하는가(   )

02. (   )미래를 말하는가, 과거를 말하는가(   )

03. (   )삶에 대해 말하는가, 죽음에 대해 말하는가(   )

04. (　)하고 싶은 게 많은가, 하기 싫은 게 많은가(　)

05. (　)도전하려는가, 도피하려는가(　)

06. (　)말이 적은가, 말이 많은가(　)

07. (　)낮은 소리로 말하는가, 큰 소리로 말하는가(　)

08. (　)긍정하는가, 부정하고 불평하는가(　)

09. (　)대화하는가, 일방적인가(　)

10. (　)소통하는가, 호통치는가(　)

11. (　)배우려 하는가, 가르치려 하는가(　)

12. (　)적극적인가, 소극적인가(　)

13. (　)열정이 있는가, 열만 내는가(　)

14. (　　)호기심이 많은가, 무관심한가(　　)

15. (　　)발상이 우연한가, 옹고집인가(　　)

16. (　　)교통신호를 지키는가, 무단횡단하는가(　　)

17. (　　)순서를 지키는가, 새치기하는가(　　)

18. (　　)청렴한가, 부정한가(　　)

19. (　　)원칙으로 하는가, 반칙으로 하는가(　　)

20. (　　)처신이 깔끔한가, 너저분한가(　　)

21. (　　)웃음에 찬 얼굴인가, 우수에 찬 얼굴인가(　　)

22. (　　)잘 웃는가, 무덤덤한가(　　)

23. (　　)빨리 행동하는가, 느릿하게 행동하는가(　　)

24. (   )많이 움직이는가, 쉬려고 하는가(   )

25. (   )유행에 민감한가, 유행에 둔감한가(   )

26. (   )겸손한가, 교만(안하무인)한가(   )

27. (   )일을 찾아 하는가, 일을 피하는가(   )

28. (   )운동을 챙기는가, 정력제를 챙기는가(   )

29. (   )외모에 신경을 쓰는가, 관심이 없는가(   )

30. (   )개선하며 살려고 하는가, 멋대로 살려고 하는가(   )

작은 변화를 통해 큰 변화로

세대 갈등은 세계적인 현상이다. 특히 기성세대를 기피하고 혐오하며 나이가 많거나 지위가 높은 사람에게 저항하는 것은 어쩔 수 없는 것 같다. 몇 년 전 뉴질랜드 의회에서 20대의 클로에 스와브릭 의원이 기후 변화를 외면해온 기성 정치인을 비판하는 연설을 했는데 중간에 나이 든 의원들이 야유를 보내자 한마디로 묵사발을 만들었다.

"Ok, boomer!"

'boomer'란 익히 알고 있다시피 베이비붐 시대에 태어난 사람들을 가리키는 것으로 사회의 주류를 이루고 있는 기성세대를 뜻한다. 그들을 향해 "Ok, boomer!"라고 일갈한 것은 "좋습니다. 기성세대님!"이라는 긍정의 외침이 아니다. 우리 식으로 말하면 "됐거든요, 꼰대"와 같은 표현이다.

그런데 "Ok, boomer"는 스와브릭 의원이 처음 사용한 것이 아니다. 이미 미국을 비롯한 영어권에서 기성세대가 뭐라고 말할 때 말대꾸로 받아치는 말로 자리매김하고 있다. 상황이 이렇게 '안티꼰대'로 흐르자 한편에서는 "Ok, millennial"이라며 신세대(밀레니얼)를 향해 비아냥거리기도 한단다(〈동아일보〉 2019. 11. 23, 시대정신이 된 '안티꼰대'에서).

어느 쪽이든 좋은 일은 아니다. 〈뉴욕타임즈〉에서 "이젠 세대 간의 전쟁이 벌어지고 있다"라고 했지만 과연 무엇을 위한 전쟁인지 냉정하게 계산해볼 때가 된 것 같다.

*

그래도 희망을 느끼는 것은 바로 그 90년대생, 밀레니얼 세대, 신세대 사이에서 자각의 바람이 일고 있다는 사실이다.

"다들 20대를 거쳐갔을 텐데 왜 이렇게 호들갑인지 모르겠어요."

"80년대 후반에 태어난 사람보다 1, 2년 늦게 태어났다고 제가 크게 다를 게 뭐가 있나 싶습니다."

"(저희에게) 편견을 가지고 대하는 게 아닌가 걱정이 됩니다."

"직장에는 90년대생들만 있는 게 아니니 다른 사람들과 잘 어울릴 수 있는 모습을 보였으면 좋겠습니다(〈아시아경제〉 2019. 12. 12, "'90년대생이 온다', 편견 아닌가요?" 공감 못 하는 90년대생들)."

그렇다. 이제 좀 냉정해지자. 결국은 함께 잘해보자는 것 아닌가. 그렇다면 괜히 호들갑을 떨며 편을 가를 것도, 끼리끼리 모여 칸막이 속에서 환호성을 지를 것도 없다.

*

이 책에서 밝힌 나의 주장이 얼핏 보기에는 신세대에게 더 따끔한 충고를 하는 것처럼 다가갈지 모르겠다. 본뜻은 그게 아니다. 중립적으로 풀어보려고 했다. 본문에서 여러 번 밝혔듯이 '세대 간 전쟁'을 하자는 게 아니라 생각을 바꿔서 화합을 모색하자는 것이다. 정치·사회적 세대론에서 빠져나와 회사라는 조직에서 세대론이 어떻게 기능해야 하는지를 말하는 것이다. 서로 조금씩 뒤로 물러서 객관적으로 상대를 바라보며 참된 소통을 해보자는 말이다. 함께 가자는 것이다.

*

　나는 유튜브 〈조관일TV〉를 통해 종종 새로운 사자성어를 발표한다. 그중 대표적인 것이 '소변대변'이다. 무슨 뜻인지 퍼뜩 떠오르는 생각이 있을 것이다. 아마도 '소변이 나와야 대변이 나온다'는 생리적 현상을 떠올릴지 모른다. 그러나 그게 아니다. 한자로 표기하면 뜻을 알 것이다.

　'小變大變.'

　작은 것을 변화시켜야 큰 변화를 이룰 수 있다는 의미다. 웃자고 만든 사자성어지만 얼마나 의미심장한가. 뜻도 명확할 뿐 아니라 1년 내내, 아니 평생 화장실 갈 때마다 머리에 떠오르고 다짐할 최고의 사자성어라고 자부한다. 회사 내의 세대 문제도 '소변대변'으로 풀어가야 할 것이다. 작은 차이부터 해소해나가는 것이 세대 갈등을 치유하는 지름길이다.

　우리는 흔히 직장 생활을 표현하며 '한솥밥을 먹는다'라고 한다. 그렇다. 가정을 빼면 인생의 대부분을 직장에서 보내는데 10년, 20년, 아니 5년 정도 먼저 또는 늦게 태어났다고 해서 서로 눈 흘기며 갈등을 가질 필요가 없다.

　어떻게 회사 발전에 기여할 것인지, 그러기 위해 세대 간에 간극을 어떻게 좁힐 것인지는 작은 변화를 통해 큰 변화를 도모하는 소변대변으로 풀 수 있다고 믿는다.

*

요즘 가장 많이 듣는 말 하나가 '4차산업혁명'이다. 모든 산업이 상호 연결되고 지능화되는 초연결성hyper-connected과 초지능화hyper-intelligent의 혁명, 그리고 인간을 중심으로 현실과 가상이 융합하는 혁명의 시대가 왔다고 난리다. 회사에서 실시하는 교육에서부터 TV 방송까지.

그러나 나는 늘 강조한다. 4차산업혁명보다 중요한 것은 '자기혁명'이라고. 자기혁명이란 무엇인가. 결코 거창한 것이 아니다. 꼭 필요한 것부터, 그리고 쉬운 것부터 실천하는 것이다. '소변대변'하는 것이다. '소변'함으로써 '대변'하는 것이다.

그것을 실천하는 것의 하나가 바로 꼰대 또는 빤대에서 벗어나는 일이다. 화끈하게 벗어나기를 권한다. 그것은 단순히 비난에서 벗어나기 위해서가 아니다. 그 작은 변화가 자기혁명의 변화를 가져오고 결국 인생의 변화를 가져올 것이다.

KI신서 10989

꼰대지수 낮춰드립니다

1판 1쇄 발행 2020년 1월 9일
2판 1쇄 인쇄 2023년 6월 14일
2판 1쇄 발행 2023년 6월 23일

지은이 조관일
펴낸이 김영곤
펴낸곳 (주)북이십일 21세기북스

콘텐츠개발본부이사 정지은
인생명강팀장 윤서진 **인생명강팀** 최은아 강혜지 황보주향 심세미
디자인 studio forb
출판마케팅영업본부장 민안기
마케팅2팀 나은경 정유진 박보미 백다희
출판영업팀 최명열 김다운 김도연
제작팀 이영민 권경민

출판등록 2000년 5월 6일 제406-2003-061호
주소 (10881) 경기도 파주시 회동길 201(문발동)
대표전화 031-955-2100 **팩스** 031-955-2151 **이메일** book21@book21.co.kr

ⓒ 조관일, 2023
ISBN 978-89-509-4544-2 03320

(주)북이십일 경계를 허무는 콘텐츠 리더

21세기북스 채널에서 도서 정보와 다양한 영상자료, 이벤트를 만나세요!
페이스북 facebook.com/jiinpill21 **포스트** post.naver.com/21c_editors
인스타그램 instagram.com/jiinpill21 **홈페이지** www.book21.com
유튜브 youtube.com/book21pub

서울대 **가**지 않아도 들을 수 있는 **명강**의! 〈서가명강〉
서가명강에서는 〈서가명강〉과 〈인생명강〉을 함께 만날 수 있습니다.
유튜브, 네이버, 팟캐스트에서 '**서가명강**'을 검색해 보세요!

· 책값은 뒤표지에 있습니다.
· 이 책 내용의 일부 또는 전부를 재사용하려면 반드시 ㈜북이십일의 동의를 얻어야 합니다.
· 잘못 만들어진 책은 구입하신 서점에서 교환해 드립니다.